A LEI DA ATRAÇÃO
A FORÇA DO DESEJO

William Walker Atkinson

A LEI DA ATRAÇÃO
A FORÇA DO DESEJO

© Publicado em 2013 pela Editora Isis.
Título original: *The law of attraction in the thought world*

Supervisor geral: Gustavo L. Caballero
Tradução: Miguel Portillo
Revisão de textos: Alvaro Obregón
Diagramação e capa: Décio Lopes

Dados de Catalogação da Publicação

Atkinson, William Walker
A Lei da Atração – A Força do Desejo/William Walker Atkinson | 1ª edição | São Paulo, SP | Editora Isis, 2013.

ISBN: 978-85-8189-043-2

1. Esoterismo 2. Autoajuda I. Título.

Proibida a reprodução total ou parcial desta obra, de qualquer forma ou por qualquer meio seja eletrônico ou mecânico, inclusive por meio de processos xerográficos, incluindo ainda o uso da internet sem a permissão expressa da Editora Isis, na pessoa de seu editor (Lei nº 9.610, de 19.02.1998).

Direitos exclusivos reservados para Editora Isis

EDITORA ISIS LTDA
www.editoraisis.com.br
contato@editoraisis.com.br

SUMÁRIO

Introdução 7

As ondas de pensamento e seu processo de reprodução 15

Conversa sobre a mente 25

Construindo a mente 33

Afirmação: Reafirmo o controle do meu Verdadeiro Ser 37

O segredo da vontade 41

Autossugestão. Utilizo minha força de vontade 47

Como imunizar-se contra a Atração do Pensamento pernicioso 49

A transmutação do pensamento negativo 55

A lei do controle mental 63

Reafirmar a força vital 67

Afirmação e exercício 69

Formar a mente do hábito 71

A psicologia da emoção 75

Desenvolver novas células cerebrais 81

O poder da atração, a força do desejo 87

As grandes forças dinâmicas 93

Energia e determinação inquebrantável 97

Reclamar o que lhe pertence 103

Lei, não azar 111

INTRODUÇÃO

O Universo é governado por uma lei que é muito importante. Suas manifestações são multiformes, mas consideradas a partir de um ponto de vista fundamental; é claro que não existe mais que uma lei.

Conhecemos algumas das suas manifestações, mas ignoramos tudo acerca de outras. Não obstante cada dia aprendemos um pouco mais a seu respeito. O véu gradualmente vai-se abrindo.

Falamos intelectualmente da Lei da Gravidade, mas desconhecemos que esta é também uma das maravilhosas manifestações da Lei de Atração.

Estamos familiarizados com a maravilhosa manifestação da lei que atrai e mantém unidos os átomos de que se compõe a matéria; reconhecemos o poder da lei que atrai os corpos à Terra, que mantém os planetas no seu lugar, mas fechamos os olhos para a poderosa lei que atrai para nós tudo o que desejamos ou temermos, o que cria ou destrói nossa vida.

Quando compreendemos que o Pensamento é uma força – uma manifestação de energia – que conta com o poder magnético de atração, começamos a entender o porquê de muitas coisas que até então desconhecíamos.

Não há estudo que compense mais o estudante pelo tempo investido do que o estudo do funcionamento desta poderosa Lei do Mundo do Pensamento: a Lei da Atração.

Quando pensamos, transmitimos vibrações de uma substância fina e etérea, tão real quanto as vibrações que transmitem luz, calor, eletricidade e magnetismo. Que essas vibrações não resultem evidentes para nossos cinco sentidos não significa que não existam.

Um potente ímã enviará vibrações e exercerá uma força suficiente para atrair para si mesmo um pedaço de ferro que pese cem quilos, mas não podemos ver, nem provar, nem cheirar, nem ouvir nem sentir essa força.

Do mesmo modo, as vibrações do pensamento tampouco podem ser vistas, degustadas, cheiradas ou ouvidas nem sentidas de maneira comum.

É certo que existam casos documentados de pessoas especialmente sensíveis às impressões psíquicas, que perceberam ondas potentes de pensamento e que muitos de nós podemos testemunhar que sentimos com clareza as vibrações do pensamento de outras pessoas, tanto em presença do emissor como a distância.

A telepatia e seus fenômenos associados não são nenhuma tolice.

A luz e o calor manifestam-se por meio de vibrações de uma intensidade muito menor do que as do pensamento, contudo, a diferença apoia-se unicamente na taxa vibratória.

Os anais da ciência trazem certa luz sobre essa questão.

Elisha Grey disse no livro, *The miracles of nature (Milagres da Natureza)*:

> *Especula-se muito acerca da existência de ondas sonoras que o ouvido não pode captar e de ondas de luz de cor que o olho não pode perceber.*
>
> *O enorme, escuro e mudo espaço existente entre 40.000 e 400.000.000.000.000 vibrações por segundo, e o infinito além dos 700.000.000.000.000 vibrações por segundo, onde cessa a luz, no universo do movimento, permite que se abandonem qualquer tipo de especulações.*

M. M. Williams afirma em sua obra *Short chapters in science*:

> *Não existe gradação entre as ond**u**lações ou tremores mais rápidos produzidos por nossa sensação de som e as mais lentas delas, que dão espaço às nossas sensações da mais delicada calidez. Existe uma enorme lacuna entre elas, o suficientemente grande como para incluir outro mundo de movimento, ocupando um espaço entre nosso mundo de som e nosso mundo de calor e luz; não existe nenhuma razão suficientemente boa para supor que a matéria seja incapaz de uma atividade intermediária desse tipo, para imaginar que dita atividade não pudesse dar espaço a sensações de outro tipo, sempre que existam órgãos que recolham e sintam seus movimentos.*

Cito estas autoridades só para oferecer ideias sobre o que refletir e não com a intenção de demonstrar a existência das vibrações do pensamento.

Este último fato foi totalmente demonstrado para satisfação de numerosos investigadores desse campo. Uma pequena reflexão vai lhe demonstrar que coincide com suas próprias experiências.

Às vezes, ouvimos a conhecida declaração da ciência mental dizendo que os pensamentos são coisas e repetimos estas palavras sem compreender conscientemente o que significam na realidade.

Se compreendêssemos por completo a verdade dessa afirmação e as consequências naturais da verdade que a sustenta, poderíamos entender muitas coisas que, até o momento, são obscuras para nós e utilizar a maravilhosa energia da força do pensamento do mesmo modo que usamos qualquer outra manifestação energética.

Como já foi dito, quando pensamos colocamos em funcionamento vibrações de um movimento de nível muito elevado, igual às vibrações de luz, calor, som e eletricidade.

Quando compreendermos as leis que governam a produção e a transmissão dessas vibrações, poderemos utilizá-las em nossa vida cotidiana, assim como fazemos com outras formas de energia mais conhecidas. Porque não podemos ver, ouvir, pesar ou medir essas vibrações, não quer dizer que elas não existam.

Há ondas sonoras que nenhum ouvido humano pode escutar, ainda que algumas delas, sem dúvida, sejam registradas pelo ouvido de alguns insetos e outras são captadas por instrumentos muito sensíveis inventados pelo ser humano; não obstante existe uma enorme brecha entre os sons registrados pelos instrumentos mais sensíveis e o limite que a mente humana, raciocinando por analogia, considera como linha de separação entre as ondas sonoras e outras formas de vibração.

Existem ondas de luz que o olho humano não registra, algumas das quais podem ser recolhidas por instrumentos mais sensíveis e outras muito mais sutis que, todavia, não podem detectar-se por falta de instrumentos adequados, ainda que cada ano se realizem avanços e o terreno inexplorado vai diminuindo de maneira gradual.

A invenção de novos instrumentos faz com que apareçam vibrações até o momento desconhecidas; não obstante essas vibrações eram tão reais antes da invenção do instrumento quanto depois.

Suponhamos que carecemos de instrumentos para registrar o magnetismo; ninguém poderia sentir-se justificado por negar a existência dessa potente energia, já que não se poderia provar, sentir, cheirar, escutar, ver, pesar ou medir.

Não obstante o ímã continua enviando ondas de uma força suficiente como para atrair até si próprio os pedaços de metal que pesem até cem quilos ou mais.

Cada forma de vibração requer seu próprio tipo de instrumento que o registre.

Atualmente, o cérebro humano parecer ser o único instrumento capaz de registrar ondas de pensamento, ainda que os ocultistas creiam que os cientistas logo inventarão aparelhos suficientemente sensíveis para recolher e registrar esse tipo de impressão.

Pelas informações de que dispomos no momento, temos a impressão de que esse invento aparecerá em breve.

Aqueles, porém, que experimentaram o campo da telepatia prática não precisam de mais demonstrações do que o resultado dos seus próprios experimentos.

Enviamos pensamentos de maior ou menor intensidade continuamente, colhendo seus resultados. Nossas ondas de pensamentos não só nos influenciam a nós mesmos, senão que têm um poder de atração: atraem até nós pensamentos alheios, coisas, circunstâncias, pessoas e sorte, de acordo com o caráter do pensamento dominante em nossa mente.

Os de amor atrairão até nós o amor dos demais, as circunstâncias e o entorno de acordo com o pensamento, assim como pessoas de pensamento parecido.

Os de cólera, ódio, inveja, malícia e ciúmes atrairão para nós o alento fétido de pensamentos parecidos que emanem das mentes de outras pessoas, circunstâncias em que nos veremos obrigados a manifestar esses pensamentos e a recebê-los também da parte de outros indivíduos que manifestarão falta de harmonia.

Um pensamento intenso ou longamente mantido nos converte no centro de atração das ondas de pensamento correspondentes a de outras pessoas.

No mundo do pensamento, os análogos se atraem e recolhemos o que semeamos.

No mudo do pensamento voam juntos os pássaros de plumagem parecida: as maldições voltam a pousar em casa, assim como as aves, e o fazem acompanhadas de amigos que se parecem.

O ser humano cheio de amor percebe amor por todas as partes e atrai o amor dos semelhantes.

O ser humano que alberga ódio no coração, recebe todo o ódio que possa suportar.

O ser humano que pensa em lutar costuma lutar contra tudo o que pode até que o supera. É assim com todos nós; cada um recebe o que pede por meio da telegrafia sem cabos da mente.

Aquele que se levanta de manhã, sentindo-se de mau humor, consegue com que toda a família se ponha com o mesmo humor, antes de acabar o desjejum.

A mulher enfastiada costuma enfrentar-se ao longo do dia com tudo o que possa alimentar sua propensão fastidiosa.

Essa questão da Atração do Pensamento é um assunto sério. Quando se pensa bastante nisso, nos damos conta de que uma pessoa cria suas próprias circunstâncias, ainda que culpe as outras.

Conheci pessoas que compreenderam essa lei e se mantém tranquilas, positivas e não se veem afetadas de maneira alguma pela falta de harmonia que possa rodeá-las.

Essas pessoas são como o recipiente que derrama azeite em águas turbulentas: permanecem serenas e tranquilas enquanto a tormenta brame ao seu redor.

Quando compreendi o funcionamento da lei, vi que a pessoa não se encontra à mercê das caprichosas tormentas do pensamento.

Passamos pela era da força física para chegarmos à era da supremacia intelectual, agora estamos entrando em um campo quase desconhecido: o da energia psíquica.

Este campo conta com suas próprias leis e devemos familiarizar-nos com elas, ou elas vão nos superar, como ocorre com os que ignoram os planos do esforço.

Tentarei esclarecer-lhe os importantes princípios que subjazem neste novo campo de energia que se abre diante de nós, para que possamos utilizar essa grande energia e aplicá-la com propósitos legítimos e dignos, do mesmo modo como o ser humano utiliza o vapor, a eletricidade e outras formas de energia.

AS ONDAS DE PENSAMENTO E SEU PROCESSO DE REPRODUÇÃO

O pensamento produz ondas que se estendem sobre o grande oceano do pensamento, como quando se atira uma pedra na água.

Existe, porém, uma diferença: as ondas sobre a água movem-se em todas as direções, mas em um único plano, enquanto as ondas do pensamento movem-se em todas as direções a partir de um centro comum, como fazem os raios do sol.

Do mesmo modo como na Terra estamos rodeados por um grande oceano de ar, também estamos rodeados por um grande mar de Mentes.

Nossas ondas do pensamento movem-se por meio desse vasto éter mental, estendendo-se em todas as direções, como já disse, diminuindo de intensidade, dependendo da distância percorrida, devido à fricção ocasionada pela sua entrada em contato com o grande corpo da mente que nos rodeia por todas as partes.

Essas ondas do pensamento dispõem de outras qualidades distintas das ondas sobre a água. Contam com a capacidade de autorreproduzirem-se.

Nesse sentido, assemelham-se mais às ondas sonoras do que as ondas sobre a água.

Do mesmo modo como uma nota de violino faz com que o cristal muito fino vibre e cante, também um pensamento intenso tende a despertar vibrações similares nas mentes sintonizadas para recebê-lo.

Muitos dos pensamentos erráticos que nos chegam, não são senão reflexos das vibrações de resposta a certos pensamentos intensos enviados por outra pessoa. A menos que nossa mente esteja sintonizada para recebê-lo, não é provável que os pensamentos nos afetem.

Se mantivermos pensamentos elevados e constantes, nossa mente adquire certa tonalidade, que corresponde ao caráter dos pensamentos que temos tido.

Uma vez que se estabelece esta tônica, estaremos em uma situação de captar as vibrações de outras mentes moduladas relacionadas ao mesmo pensamento.

Por outro lado, não devemos mais do que nos habituar a manter pensamentos de caráter oposto e não demoraremos para refletir o tom dos pensamentos que emanam das mentes de milhares de pessoas que têm pensamentos parecidos.

Somos, em grande parte, aquilo que pensamos e o equilíbrio vem representado pelo caráter das sugestões e dos pensamentos de outros, que nos chegaram de maneira direta por meio das sugestões verbais ou telepaticamente pelas ondas de pensamento. Mas nossa atitude mental geral determina o caráter das ondas de pensamento recebidas pelos demais, assim como os pensamentos que emanam de nós mesmos.

Somente recebemos pensamentos que estão em harmonia com a atitude mental geral que mantemos; os que não estão em harmonia afetam-nos muito pouco, já que não despertam nenhuma resposta em nós.

Quem crê firmemente em si mesmo e mantém uma intensa e positiva atitude mental de confiança e determinação, não é provável que se veja afetado pelos pensamentos adversos e negativos de desânimo e fracasso que possam emanar da mente de outras pessoas.

Ao mesmo tempo, esses pensamentos negativos, se alcançarem alguém cuja atitude mental está sintonizada em uma tonalidade baixa, aprofundarão seu estado negativo e lançarão lenha na fogueira, que consome sua energia, ou se preferir outra analogia, servirão para apagar o fogo da sua energia e atividade, atraindo pensamentos alheios da mesma ordem.

Quem pensa no sucesso, sintoniza com a mente de outros que têm pensamentos parecidos e estes vão ajudá-lo e ele a eles.

Quem permite que a mente more constantemente em pensamentos de fracasso, acerca-se da mente de outra pessoa fracassada e cada uma delas tratará de afundar mais as outras.

Quem pensa que tudo é ruim, está capacitado para se ver muito mal e entrará em contato com os outros que parecerão demonstrar sua teoria.

Quem busca o bom em tudo e em todas as pessoas é provável que atraia as coisas e as pessoas que correspondam à essa maneira de pensar.

No geral, encontramos o que buscamos.

Poderemos desenvolver essa ideia com maior clareza se pensarmos nos aparelhos de rádio que recebem vibrações unicamente da emissora à qual está sintonizada na mesma onda, enquanto outros sinais passam pelo ar, muito próximos, sem afetar o aparelho receptor.

A mesma lei pode aplicar-se às operações do pensamento. Só recebemos o que corresponde à nossa sintonia mental.

Se nos sentimos desanimados, podemos ter a certeza de cairmos em uma chave, em um tom negativo, e não somente nos veremos afetados por nossos próprios pensamentos, mas também receberemos outros igualmente depressivos semelhantes, que são emitidos de maneira constante pela mente de outros desafortunados que, apesar de tudo, não conhecem a existência da Lei de Atração.

Se nos elevamos às alturas do entusiasmo e da energia, não demoramos para sentir a chegada de pensamentos estimulantes, atrevidos, energéticos e positivos enviados por homens e mulheres do mundo.

Podemos reconhecer essa circunstância sem muito esforço quando entramos em contato com pessoas e sentimos suas vibrações depressivas ou animadas, conforme o caso.

Quando não nos encontramos na sua presença também opera a mesma lei, ainda que com menos velocidade.

A mente conta com muitas tonalidades, desde a nota positiva mais alta até a nota negativa mais baixa, com muitas outras notas intermediárias, variando de tom, dependendo de sua distância respectiva do extremo positivo ou negativo.

Quando sua mente opera em termos positivos, você se sente forte, animado, luminoso, contente, feliz, confiado e valente, e pode realizar bem o seu trabalho, levar ao término suas intenções e progredir para o sucesso. Emite intensos pensamentos positivos, que afetam outras pessoas, conseguindo que cooperem com você ou acompanhem sua liderança, dependendo da sua própria tonalidade mental.

Quando você toca no extremo negativo do teclado mental, você se sente deprimido, fraco, passivo, aturdido, temeroso e covarde. Descobre-se incapaz de progredir ou triunfar e seu efeito sobre os demais é praticamente nulo. Vê-se arrastado por eles em lugar de liderá-los, e as pessoas mais positivas o tratam como um trapo.

Em alguns indivíduos parece predominar o elemento positivo e em outros a tendência negativa parece ser mais evidente. Claro está, porém, que os graus de positividade e negatividade variam enormemente e "B" pode resultar negativo para "A", enquanto "C" o considera positivo.

Quando duas pessoas se conhecem costuma haver um conflito mental silente em que a mente delas comprovam sua qualidade de positividade e restabelecem sua posição relativa entre si.

Este processo pode ser inconsciente em muitos casos; não obstante é o que acontece.

O ajuste costuma ser automático, mas, às vezes, a luta é tão inflamada, os oponentes se encaixam tão bem, que a questão se abre aos poucos na consciência de ambas as pessoas.

Frequentemente, as duas partes são tão parecidas em seu grau de positividade que não conseguem chegar a um acordo mental; não podem entender-se entre si e se sentem mutuamente repelidas e separadas, ou, então, permanecem juntas entre disputas e discussões constantes.

Somos positivos ou negativos para todos com os quais estabelecemos contato.

Podemos ser positivos para nossos filhos, nossos empregados e dependentes, mas, ao mesmo tempo, resultamos negativos para outros, com respeito aos que ocupamos posições inferiores ou aos que permitimos impor-se a nós.

É claro que pode ocorrer algo e, de repente, tornamo-nos mais positivos que o homem ou a mulher para quem até o momento éramos negativos.

Casos desse tipo são bastante frequentes. E quando o conhecimento dessas leis mentais vai se generalizando, vemos mais casos de pessoas que se fazem valer utilizando sua recém-descoberta energia.

Lembre-se, porém, que você possui o poder de elevar o tom da sua mente até alcançar uma tonalidade positiva, graças à força de vontade.

Claro está, e também é certo, que você pode deixar-se cair em um tom baixo e negativo à mercê da negligência ou de uma vontade fraca.

Há mais pessoas no plano de pensamento negativo do que no positivo, por essa razão, em nossa atmosfera mental, existem mais vibrações negativas de pensamento. Contudo, afortunadamente para nós, isto se vai equilibrando pelo fato de que um pensamento positivo é infinitamente mais potente do que um negativo.

Graças à força de vontade alcançamos um tom mental mais elevado e podemos fechar a passagem dos pensamentos deprimentes e aceitar as vibrações que correspondam à nossa nova atitude mental.

Este é um dos segredos das afirmações e autossugestões utilizadas pelas diversas escolas de Ciência Mental e outros enfoques do Novo Pensamento.

As afirmações em si mesmas carecem de mérito, mas têm um duplo propósito:

1. Tendem a estabelecer novas atitudes mentais em nós e são estupendas para o desenvolvimento do caráter, a ciência de nos autotransformar.
2. Tendem a elevar o tom mental, de modo que possamos beneficiar-nos das ondas de pensamento positivo de outros no mesmo plano de pensamento.

Assim, se cremos nelas ou não, sempre estaremos fazendo afirmações.

Quem assegura poder fazer algo – afirmando-o com vontade – desenvolve em si mesmo as qualidades que facilitam a consecução disso e, ao mesmo tempo, situa sua mente no tom adequado para receber as ondas de pensamento que poderão ajudá-lo a vencer.

Se, por outro lado, alguém diz e sente que vai fracassar não fará mais do que afogar e sufocar os pensamentos procedentes da sua própria mentalidade subconsciente, que tem por objetivo ajudá-lo, sintonizando-se a si mesmo com o pensamento do fracasso no mundo, e isso é algo que abunda.

Não devemos deixar que os pensamentos adversos ou negativos daqueles que nos rodeiam nos afetem. É preciso elevarmo-nos às camadas superiores da morada mental e sintonizarmos um tom mais elevado, acima das vibrações dos planos de pensamentos inferiores.

Então, não apenas estaremos imunes às vibrações negativas, mas entraremos em contato com o importante corpo de intenso pensamento positivo procedente dos que ocupam o mesmo plano de desenvolvimento que o nosso.

Meu objetivo é dirigi-lo e formá-lo acerca do uso adequado do pensamento e da vontade, para que você possa utilizá-los bem e ser capaz de tocar a nota positiva em qualquer momento que considerar necessário.

Não é preciso tocar a nota mais elevada em todas as ocasiões. O mais conveniente é manter-se em um tom que resulte cômodo, sem muito esforço, e contar com os meios para elevar o referido tom, quando a ocasião assim o requeira.

Mediante este conhecimento, você não estará à mercê da velha ação automática da mente, mas será ela que estará sob seu controle.

O desenvolvimento da vontade é semelhante ao desenvolvimento de um músculo: é questão de prática e de melhora gradual.

De início, é normal que resulte cansado, mas a cada nova tentativa você vai adquirindo força até que esta nova força se torne real e permanente.

Muitos de nós nos tornamos positivos ao deparar com situações urgentes ou extraordinárias.

Temos o hábito de tirar forças da fraqueza, quando a ocasião assim o requer. Mas, mediante a prática inteligente, a vontade vai se reforçar de tal maneira que seu estado habitual será equivalente a *tirar forças da fraqueza* no momento e logo; quando crê necessário aplicar o reforço, poderá alcançar uma posição que nem sequer imaginava.

Não creia que defendo que se encontre em estado permanente de alta tensão. De modo algum, além do que, isso não é desejável, não somente porque cansa, mas também porque às vezes pode lhe parecer necessário afrouxar a tensão e tornar-se receptivo para poder absorver impressões.

É preciso relaxar-se e assumir certo grau de receptividade, sabendo que está sempre em situação de recuperar-se e adotar um estado mais assertivo, conforme deseja.

A pessoa, sempre muito assertiva, perde muitas satisfações e distrações.

Ao ser assertivo, ela se expressa; ao ser receptivo, ela aceita impressões.

Ao ser assertiva, é mestra; ao ser receptiva, torna-se aluna. Não somente é bom ser boa mestra, mas também é importante saber ser uma boa ouvinte.

CONVERSA SOBRE A MENTE

O ser humano apenas dispõe de uma mente, mas conta com muitas faculdades mentais; cada uma delas é capaz de funcionar em duas direções distintas de esforço mental.

Não existem linhas claras divisórias que separem as diversas funções de uma faculdade, mas se sucedem entre si como as cores do arco-íris.

Uma força ativa de qualquer faculdade da mente é o resultado de um impulso direto transmitido no momento do esforço.

Um esforço passivo de qualquer faculdade da mente é o resultado de um esforço ativo procedente da mesma mente, de um esforço ativo de outra mente seguindo uma sugestão, das vibrações de pensamento da mente de outra pessoa ou de impulsos de pensamento de um antepassado, transmitidos pelas leis da herança (incluindo impulsos transmitidos de geração em geração desde os tempos do impulso vibratório original transmitido pela Causa Primeira, cujos impulsos se desenvolvem quando se alcança o estado adequado de desenvolvimento evolutivo).

O esforço ativo é um recém-nascido, fresco, recém-chegado, enquanto o esforço passivo é de criação menos recente e, de fato, costuma ser o resultado dos impulsos vibratórios transmitidos em eras passadas.

O esforço ativo abre caminho, afastando os galhos que impedem a passagem e as pedras que se erguem no seu trajeto.

O esforço passivo discorre por meio dos caminhos trilhados.

Um impulso de pensamento, ou impulso de movimento, causado em princípio por um esforço ativo, pode tornar-se, mediante repetição ou hábito, algo estritamente automático, tomando impulso a partir do ímpeto que desenvolve um esforço ativo repetido, que é impulsionado para diante, em termos passivos, até que se vê detido por outro esforço ativo, ou melhor, muda de direção pela mesma causa.

Por outro lado, impulsos de pensamento, ou impulsos de movimento, que discorrem em termos passivos, podem ser liquidados ou corrigidos por um esforço ativo.

A função ativa cria, muda ou destrói.

A função passiva continua o trabalho iniciado pela função ativa e obedece às ordens e sugestões.

A função ativa produz a pauta do pensamento, ou pauta do movimento, para a qual distribui suas vibrações, que, a partir daí, impulsionam-na em termos passivos.

A função ativa também conta com o poder de emitir vibrações que neutralizam o impulso da pauta de pensamento, ou pauta de movimento; também pode lançar uma nova pauta de pensamento, ou pauta de movimento, com vibrações mais intensas que superem e absorvam o primeiro pensamento, ou movimento, substituindo-o.

Uma vez que iniciam suas missões, todos os impulsos de pensamento, ou impulsos de movimento, continuam vibrando em termos passivos até um ponto em que são corrigidos ou periclitados por impulsos subsequentes, transmitidos pela função ativa ou outro poder controlador.

A continuidade do impulso original proporciona-lhe ímpeto e força, dificultando sua correção ou finalização. Isso explica o que se denomina *a força do hábito ou do costume*. Creio que todos compreenderão melhor os que se esforçaram para superar um hábito que adquiriram com facilidade.

A lei pode aplicar-se tanto aos bons como aos maus hábitos. O resultado resulta óbvio.

Às vezes, várias das faculdades da mente combinam-se para produzir uma única manifestação.

Uma tarefa a ser concluída pode requerer o exercício combinado de diversas faculdades, algumas das quais puderam manifestar-se no esforço ativo e outras mediante o esforço passivo.

A aparição de novas circunstâncias, de novos problemas, requer o exercício do esforço ativo, enquanto um problema ou tarefa familiar pode se tratar com facilidade mediante o esforço pacífico, sem a ajuda do seu irmão mais dinâmico.

Na natureza existe uma tendência instintiva, nos organismos vivos, para realizar certas ações, a tendência de um corpo organizado a buscar o que satisfaz seus anelos. Esta tendência, às vezes, denomina-se apetência.

Na realidade, trata-se de um impulso mental passivo, que tem sua origem no ímpeto solicitado pela Causa Primeira e é transmitido ao longo do desenvolvimento evolutivo, acumulando força e energia conforme avança.

O impulso da Causa Primeira se vê reforçado pela potente atração ascendente exercida pelo *Absoluto*.

É muito fácil constatar essa tendência no reino vegetal, desde as exibições menores, nos tipos mais inferiores, até as maiores, nos tipos mais elevados. É o que costuma chamar-se de *força vital* nas plantas.

Não obstante é uma manifestação de intelecção rudimentar, que funciona de acordo com o esforço passivo.

Em algumas das formas mais elevadas de vida vegetal, aparece uma ligeira coloração de *ação vital* independente: uma frágil indicação de escolha de volição.

Os autores de trabalhos sobre a vida vegetal já escreveram notáveis exemplos sobre esse fenômeno. Sem dúvida alguma, é uma exibição de uma rudimentar intelecção ativa.

No reino animal pode ser encontrado um grau muito elevado de esforço mental passivo. E, variando em grau, dependendo das diversas famílias e espécies, também resulta aparente uma quantidade considerável de intelecção ativa.

Não há dúvida de que o animal inferior possui razão em menor grau que o ser humano e, de fato, a demonstração de intelecção volitiva, exibida por um animal inteligente costuma ser tão elevada como a que demonstram tipos inferiores de seres humanos ou uma criança pequena.

Do mesmo como uma criança antes de nascer demonstra no seu corpo as etapas da evolução física do ser humano, também manifesta, antes e depois de nascer – e até sua maturidade – as etapas da evolução mental do ser humano.

O ser humano, a forma de vida mais elevada produzida até o momento, pelo menos neste planeta, demonstra contar com a forma mais elevada de intelecção passiva e com um desenvolvimento muito mais alto de intelecção ativa, daquela que se pode apreciar nos animais inferiores.

Não obstante os graus desse poder variam amplamente entre as diferentes raças humanas.

Os distintos graus de intelecção ativa resultam evidentes entre os homens de uma mesma raça; esses graus não dependem de nenhuma maneira da quantidade de cultura, posição social ou vantagens educativas que possua o indivíduo; a cultura mental e o desenvolvimento mental são duas coisas muito diferentes.

Não há mais que olharmos ao nosso redor para tornarmo-nos conscientes das diferentes etapas do desenvolvimento da intelecção ativa no ser humano.

O raciocinar de muitos seres humanos é pouco mais que intelecção passiva, que demonstra escassas qualidades de pensamento volitivo. Eles preferem deixar que outros seres humanos pensem por eles.

A intelecção ativa cansa-os e resulta muito mais fácil o processo mental passivo, que é instintivo e automático. Suas mentes operam seguindo as pautas da menor resistência. São pouco mais que novilhos humanos.

Entre os animais inferiores e os tipos inferiores de seres humanos, a intelecção ativa se encontra, sobretudo, confinada às faculdades mais grosseiras, ao plano mais material; neles, as faculdades mentais mais elevadas funcionam seguindo as pautas instintivas e automáticas da função passiva.

Com o progresso das formas de vida inferiores na escala evolutiva, desenvolveram-se novas faculdades em estado latente.

As referidas faculdades sempre se manifestaram sob forma rudimentar de funcionamento passivo, para, em seguida, evoluírem às formas passivas mais elevadas, até entrarem em função as formas ativas.

O processo evolutivo continua com uma tendência invariável para o desenvolvimento de uma elevada intelecção ativa. Esse progresso evolutivo é provocado pelo impulso vibratório distribuído pela Causa Primeira, ajudado pela atração ascendente do Absoluto.

A Lei da Evolução continua seu desenvolvimento e o ser humano começa a desenvolver novas potências da mente que, claro, manifestam-se primeiro no campo do esforço passivo.

Algumas pessoas desenvolveram essas faculdades até um grau considerável, e é possível que não passe muito tempo antes de o ser humano ser capaz de exercitá-las, seguindo os princípios das suas funções ativas.

De fato, esse poder já foi realizado por alguns tantos.

Esse é o segredo de alguns ocultistas orientais e alguns dos seus irmãos ocidentais.

A docilidade mental correspondendo à vontade pode aumentar mediante uma prática adequadamente dirigida. Isso que denominamos *"reforço da vontade"* é, na realidade, formar para que a mente reconheça e absorva o poder interior.

A vontade é suficientemente forte, não necessita ser reforçada, mas a mente deve formar-se para receber e atuar conforme as sugestões da vontade.

A vontade é a manifestação externa do *EU Sou*.

O fluxo da vontade percorre com toda sua potência pelo conjunto espiritual; mas deve aprender como levantar o trole para tocar o referido conjunto antes que o trólebus mental possa pôr-se em funcionamento.

Trata-se de uma ideia distinta da que geralmente se recebe de escritores que falam da *"força de vontade"*, mas é correta, como você mesmo poderá ver se realizar os experimentos adequados da maneira apropriada.

A atração do Absoluto impele o ser humano para cima e a força vibratória do Impulso Primário não se esgota.

Chega a hora do desenvolvimento evolutivo em que o ser humano pode ajudar-se a si mesmo.

Aqueles que compreendem a lei podem realizar maravilhas graças ao desenvolvimento das potências da mente, enquanto os que dão as costas à verdade sofrem a causa da sua falta de conhecimento da lei.

Quem compreende as leis do seu ser mental, desenvolve suas potências latentes e as utiliza com inteligência.

Quem não despreza as funções mentais passivas, senão que também as emprega, carrega-as com tarefas para as quais estão mais bem adaptadas e poderá obter resultados maravilhosos do seu trabalho, sempre que as tenha dominado e formado para lançar-se em direção ao Ser Supremo.

Quando fracassa na hora de realizar sua tarefa de maneira adequada, esse ser humano as regula e seu conhecimento impede-o de interferir nelas tolamente, evitando qualquer prejuízo.

Desenvolve as faculdades e potências latentes no seu interior e aprende como manifestá-las de acordo com a intelecção, tanto ativa como passiva.

Sabe-se que o ser humano autêntico no seu interior é o senhor de tudo, tanto das funções ativas como das passivas, que não são senão ferramentas.

Desterrando de si o medo, você desfrutará de liberdade. Encontrou-se a si mesmo. *Realizou o segredo do "Eu" Sou.*

CONSTRUINDO A MENTE

O ser humano pode construir sua mente e fazer dela o que desejar. De fato, não fazemos mais do que edificar nossa mente em todos os momentos da nossa vida, tanto de forma consciente como inconsciente.

A maioria de nós o faz de forma inconsciente, mas os que podem ver um pouco abaixo da superfície das coisas encarregam-se da questão e convertem-se em criadores conscientes da sua própria mentalidade. Deixam de estar submetidos à influência ou a sugestões de outros, pois agora são donos de si mesmos.

Afirmam o *"Eu"* e impõem obediência às faculdades mentais subordinadas.

O *"Eu"* é o soberano da mente e o que chamamos *Vontade* é o instrumento do *"Eu"*.

Por trás de tudo isso existe algo mais, a *Vontade Universal*, mais elevada do que a vontade do indivíduo, ainda que esta última mantém um contato muito mais estreito do que geralmente se supõe com a *Vontade Universal*.

Quando se conquista o ser inferior e se afirma o *"Eu"*, se estabelece um contato muito próximo com a *Vontade Universal*, participando do seu maravilhoso poder.

No momento em que se afirma o *"Eu"* e alguém se encontra consigo mesmo, se estabelece uma íntima conexão entre a vontade Individual e a *Vontade Universal*. Mas antes que alguém possa fazer uso da enorme energia posta à sua disposição deve conseguir dominar o ser inferior.

Pense no absurdo do ser humano proclamando que manifesta potencialidade, quando, de fato, é escravo das partes inferiores do seu ser mental, que devem ser subordinadas.

Pense em um ser humano, escravo dos seus humores, paixões, apetites animais e faculdades inferiores e que, ao mesmo tempo, tenta proclamar os benefícios da vontade.

Não estou pregando o ceticismo, que a mim me parece uma confissão de debilidade. Estou falando do autodomínio, da reafirmação do *"Eu"* sobre as partes subordinadas de nós mesmos.

Desde um ponto de vista mais elevado, este *"Eu"* é o único Ser real, e o resto é o *"inser"*; mas o espaço de que disponho não me permite tratar dessa questão e por esse motivo utilizarei a palavra *"ser"* como referência ao ser humano completo.

Antes que um ser humano possa reafirmar o *"Eu"* por completo, deve alcançar um controle absoluto das partes subordinadas do ser.

Todas as coisas são benéficas quando aprendemos a dominá-las, porém, não há nada quando elas nos dominam.

Enquanto permitirmos que as partes inferiores do ser nos deem ordens, seremos seus escravos. Só quando o *"Eu"* ascende ao seu trono e levanta o cetro, fica a ordem estabelecida e as coisas assumem relações adequadas entre si mesmas.

Não estou querendo dizer que haja algum mal naqueles que estão dominados por seus seres inferiores: eles se encontram em um nível inferior de evolução e se elevarão no seu devido tempo. O que faço é chamar a atenção daqueles que já estão prontos sobre o fato de que o Soberano deve reafirmar sua vontade e os súditos hão de obedecer. Há ordens que dar e executar.

A rebelião deve ser eliminada e a autoridade competente reinstaurada. E o momento de fazê-lo é agora.

Você consentiu que seus súditos rebeldes mantivessem o rei afastado do seu trono?

Tem permitido que o reino mental sofra o desgoverno de faculdades irresponsáveis?

Tem sido escravo do apetite, de pensamentos indignos, paixões e negatividade?

Deixou-se de lado e permitiu que a vontade e o desejo inferior usurpe seu trono?

É hora de restabelecer a ordem no terreno mental.

Você é capaz de afirmar seu controle sobre qualquer emoção, apetite, paixão ou pensamento graças à reafirmação da vontade?

Você pode ordenar ao medo que retroceda, ao ciúme que abandonem sua presença, ao ódio que desapareça da sua vista, à cólera que se oculte e à preocupação que cesse de molestá-lo?

Você pode conseguir que o apetite sem controle e a paixão se submetam e passem a ser humildes escravos em lugar de senhores, tudo isso graças à reafirmação do *"Eu"*. Do mesmo modo, agora pode rodear-se da gloriosa companhia da coragem, do amor e do autocontrole. Pode aplacar a rebelião e instaurar a paz e a ordem em seu reino mental, sempre que expressa o mandato e insista na sua execução.

Antes de passar a ser um império, terá de estabelecer as condições internas adequadas: deve demonstrar sua capacidade para governar seu próprio reino. A primeira batalha é a conquista do ser inferior pelo Verdadeiro Ser.

AFIRMAÇÃO: REAFIRMO O CONTROLE DO MEU VERDADEIRO SER

Repita estas palavras ardentes positivamente durante o dia e pelo menos uma vez a cada hora, sobretudo, quando se confrontar com condições que o tentem para que atue seguindo os ditames do ser inferior, em vez das indicações transmitidas pelo Verdadeiro Ser.

Em momentos de dúvida e indecisão, pronuncie estas palavras com ardor, e o caminho se abrirá diante de você. Repita-as em várias ocasiões, antes de descansar e antes de dormir. Assegure-se, porém, de respaldá-las com o pensamento que as inspira e não só repeti-las como um papagaio.

A partir da imagem mental do *Verdadeiro Ser,* reafirmando seu controle sobre os planos inferiores da própria mente, haverá de contemplar o *Rei no seu Trono*. Tornar-se-á consciente de um influxo de novos pensamentos e as coisas que antes lhe pareciam difíceis passarão a ser muito mais fáceis. Sentirá que tem o controle em suas mãos e que é o senhor e não o escravo.

O pensamento que mantém vai se manifestar na ação e crescerá até se converter no que você tem em mente.

EXERCÍCIO

Concentre a mente no Ser Superior e inspire-se nele quando sentir que vai ceder às instigações da parte inferior da sua natureza.

Quando se sentir tentado a instalar a cólera, reafirme o *"Eu"* e o tom da sua voz diminuirá.

A cólera é indigna do ser desenvolvido.

Quando se sentir contrariado e humilhado, lembre-se do que você é e eleve-se acima da sensação.

Quando sentir medo, lembre-se de que o Verdadeiro Ser não teme nada, e reafirme a coragem.

Quando sentir a incitação do ciúme, pense na sua natureza superior e ria. E assim, reafirme o Verdadeiro Ser e não permita que os elementos procedentes do plano inferior da mentalidade o perturbem.

Eles são indignos de você, que há de mostrar-lhes qual é o seu lugar.

Não permita que essas coisas o dominem; elas devem ser seus súditos, não seus senhores.

Você deve afastar-se desse plano, e a única maneira de fazê-lo é afastando-se dessas fases do pensamento, que não fazem mais do que *"acomodar as coisas"* para que se ajustem aos seus desejos.

Talvez, no início seja difícil, mas insista e obterá essa satisfação, que apenas chega quando se conquistam as partes inferiores da natureza.

Você já foi escravo durante muito tempo, agora é o momento de libertar-se.

Realizando estes exercícios fielmente, no fim do ano você será um ser diferente e olhará para trás dedicando um sorriso compassivo ao seu antigo estado. Mas para isso é necessário certo esforço.

Não é tarefa para crianças, mas para homens e mulheres entusiastas. Você fará o esforço?

O SEGREDO DA VONTADE

Ainda que os psicólogos possam divergir em suas teorias a respeito da natureza da vontade, nenhum deles nega sua existência nem põe em questão o seu poder.

Todas as pessoas reconhecem o poder de uma forte vontade: todas sabem que podem utilizá-la para superação dos maiores obstáculos.

São poucas, porém, as que se dão conta de que a vontade é algo que pode desenvolver-se e reforçar-se mediante uma prática inteligente.

Creem que podem alcançar maravilhas com uma vontade forte, mas em lugar de tentar desenvolvê-la, contentam-se com lamentos em vão.

Suspiram sem fazer nada mais.

Os que investigaram este tema a fundo sabem que a força de vontade, com todas as suas possibilidades latentes e grandes potenciais, pode desenvolver-se, disciplinar-se, controlar-se e dirigir-se, do mesmo modo que qualquer outra das forças da natureza.

Não importa qual teoria queira adotar acerca da natureza da vontade, porque acabará obtendo resultados sempre que a pratique de modo inteligente.

Pessoalmente, sustento uma teoria bastante estranha acerca da vontade.

Creio que todo ser humano tem, potencialmente, uma forte vontade e que tudo o que tem de fazer é formar sua mente para utilizá-la.

Estou convencido que nas regiões mais elevadas da mente, em todos os seres humanos, existe um grande repositório de força de vontade esperando para ser usado.

A corrente da vontade percorre um sistema de cabos e tudo o que se tem a fazer é levantar o trole mental para fazer com que a energia desça, e utilizá-la.

A administração é ilimitada, pois sua pequena bateria está conectada com a central da força de vontade universal cuja energia é inesgotável.

Sua vontade não necessita de informação, mas sua mente sim.

A mente é o instrumento e o abastecimento de força de vontade e é proporcional à excelência do instrumento através do qual se manifesta.

Não precisa aceitar essa teoria se não lhe agrada. Essa lição vai se encaixar tanto na sua própria teoria como na minha.

Quem desenvolve a mente de maneira que permita que a força de vontade se transmita através dela, terá aberto possibilidades maravilhosas diante de si.

Não apenas terá encontrado um grande poder ao seu alcance, como também poderá utilizar faculdades, talentos e habilidades cuja existência nem sequer imaginava.

Este segredo da vontade é a chave mágica que abre todas as portas.

Donald G. Mitchell escreveu:

A resolução é o que desvenda um homem; mas não uma resolução frágil e sim, uma determinação descarada; nada de propósitos erráticos, mas sim, essa forte e infatigável vontade que norteia dificuldades e perigos, como um menino que avançando pelas terras geladas do inverno, ilumina seu olhar e cérebro com um orgulhoso palpitar, lançando-se para o inalcançável. A vontade converte os homens em gigantes.

Muitos de nós sentimos que se pudéssemos exercer nossa vontade, poderíamos fazer maravilhas. Mas, por alguma razão, parece que em todo caso, não queremos dar-nos o desconforto de que não alcançamos o verdadeiro ponto decisivo. Uma e outra vez o atrasamos, falamos vagamente que *"um dia"*, mas esse dia nunca chega. Sentimos de modo instintivo o poder da vontade, mas carecemos da energia suficiente para exercê-la, e assim nos deixamos levar pela correnteza, a menos que alguma dificuldade apareça, que algum útil obstáculo se interponha em nosso caminho, que alguma amável dor nos empurre para a ação.

Nesses casos, veremo-nos obrigados a reafirmar nossa vontade e com isso começaremos a obter resultados.

O problema é que não queremos que nada acabe obrigando-nos a exercer nossa força de vontade.

Não queremos nenhum esforço.

Somos mentalmente preguiçosos e de desejo fraco. Se não lhe agrada a palavra *"desejo"*, substitua-a por *"aspiração"* (algumas pessoas chamam desejo os impulsos inferiores e aspiração os superiores, é uma questão de palavras, escolha a que preferir).

É aqui que está o problema. Deixe uma pessoa em perigo de perder sua vida ou mesmo uma mulher sentir que está a ponto de perder um grande amor, e presenciará uma surpreendente exibição de força de vontade, procedente de uma fonte inesperada.

Deixe que uma mulher veja seu filho ameaçado por algum perigo e verá como ela manifesta um grau de coragem e vontade que barra tudo o que se põe adiante. Não obstante essa mesma mulher gemerá ante um marido dominante e carecerá da vontade de realizar uma tarefa simples.

Um menino fará qualquer tipo de tarefa se as considerar uma brincadeira, até obrigar-se a cortar um pouco de lenha.

Uma forte vontade segue a estrela de um desejo intenso. Se, realmente, quiser fazer algo, em geral deverá desenvolver a força de vontade para consegui-lo.

O problema está quando você não quer nenhuma dessas coisas e não obstante deixa a culpa para a sua falta de vontade.

Diz que quer fazer, mas se parar para pensar verá que, na realidade, deseja fazer outra coisa.

Não está disposto a pagar o preço para conseguir? Detenha-se por um instante, analise esta afirmação e aplique-a ao seu próprio caso.

É mentalmente preguiçoso. Este é o problema?

Não me conte nada sobre carecer da vontade suficiente.

Dispõe de um grande repositório de vontade esperando que a utilize, mas é demasiado preguiçoso para fazê-lo.

Agora, se realmente a questão lhe interessa, ponha mãos à obra.

Em primeiro lugar, descubra o que verdadeiramente quer fazer e comece a trabalhar. Não se preocupe com a força de vontade; disporá de toda a força que deseja sempre que dela necessitar. A questão é chegar a esse ponto, no qual decidirá fazê-lo.

Essa é a verdadeira prova, a resolução.

Pense nisso e decida se realmente quer ser um voluntário com vontade suficiente para se pôr a trabalhar.

Muitos ensaios e livros excelentes a respeito deste tema foram escritos, todos estão de acordo com o momento de reconhecer a grandeza da força de vontade, utilizando, para isso, os termos mais entusiastas.

Poucos, porém, disseram algo a respeito de como adquirir essa força àqueles que não a possuem ou a possuem em grau limitado.

Alguns ofereceram exercícios com vistas a reforçar a vontade, mas, na realidade, o que fazem é reforçar a mente para que esta possa recorrer ao seu armazém de energia.

Contudo, no geral, passaram por cima sobre o fato de que é na autossugestão que se encontra o segredo do desenvolvimento da mente, para assim, poder converter-se em instrumento eficaz da vontade.

AUTOSSUGESTÃO.
UTILIZO MINHA FORÇA DE VONTADE

Repita estas palavras várias vezes, com firmeza e de forma positiva, imediatamente depois de acabar este trecho.

A seguir, repita-as frequentemente ao longo do dia, pelo menos uma vez a cada hora e, em especial, quando enfrentar algo que requeira que exercite a força de vontade.

Repita-a igualmente várias vezes na hora em que se deita para dormir.

Agora, essas palavras não significarão nada, a menos que as respalde com o pensamento.

De fato, o pensamento é tudo, e as palavras são apenas pinças que penduram o pensamento. Assim sendo, pense no que está dizendo e seja consciente do que diz.

De início, deverá lançar mão da fé e utilizar as palavras com confiança no resultado.

Mantendo o pensamento ao que está dando forma, ao armazém da força de vontade e antes que passe muito tempo, você descobrirá que o pensamento toma forma na ação e que sua força de vontade se manifesta.

Sentirá uma onda de energia cada vez que repetir essas palavras. Vai se ver superando dificuldades e maus hábitos e vai se surpreender com o grau de suavidade de tudo o que sai de você.

EXERCÍCIO

Leve até o fim uma tarefa desagradável ao dia durante um mês... Se há alguma que lhe desagrade especialmente e você quer evitar, essa será precisamente a que realizará.

Não se trata de sacrifício nem de se amansar, nada disso, trata-se de exercitar a vontade.

Qualquer um pode fazer o que lhe agrada com alegria, mas para levar a um bom final alegremente o que lhe desagrada, a vontade faz falta, e é assim que você deve realizar a tarefa. Verá como é uma valiosa disciplina.

Experimente durante um mês e comprovará até onde chega. Se você se esquivar deste exercício, o melhor é que pare e reconheça que não quer força de vontade, que se sente satisfeito com estar onde está e continua sendo um débil.

COMO IMUNIZAR-SE CONTRA A ATRAÇÃO DO PENSAMENTO PERNICIOSO

O primeiro a se fazer é eliminar o medo e a preocupação.

O pensamento temeroso é causa de muita infelicidade e muitos fracassos. Já sei que você ouviu isso muitas vezes, mas vale a pena repetir.

O medo é um hábito mental que se prendeu a nós por meio do pensamento negativo.

As grandes expectativas são como um ímã muito poderoso.

Quem alberga intensos e confiados desejos atrai coisas que vão ajudá-lo: pessoas, objetos, circunstâncias e entorno sempre que as deseje com esperança, confiança, segurança e tranquilidade.

Do mesmo modo também é certo que quem teme algo, no geral se prepara para pôr em funcionamento forças que provocarão que sobrevenha justamente o que teme.

Na realidade, quem teme realmente espera o que teme e, aos olhos da lei, é o mesmo que se o tivesse desejado de verdade.

A lei opera em ambos os casos, o princípio é o mesmo.

A melhor maneira de superar o hábito do medo é assumir a atitude mental da coragem, pois o melhor meio para desembaraçar-se da escuridão é permitir a entrada da luz.

Lutar contra um pensamento negativo, reconhecendo sua força e tentando negá-la mediante intensos esforços é uma perda de tempo.

O método melhor, mais seguro, fácil e rápido é assumir a existência do pensamento positivo desejado em seu lugar; ficando constantemente no pensamento positivo, ele se manifestará na realidade objetiva.

Assim, pois, em lugar de repetir: *"não estou assustado"*, há de se dizer com determinação: *"estou repleto de energia"* ou *"sou valente"*.

Tem de reafirmar: *"não há nada a temer"*, ainda que possua a natureza de uma negação; simplesmente negue a realidade do objeto que causa temor em lugar de admitir o próprio temor e logo negá-lo.

Para superar o medo há de agarrar-se com firmeza na atitude mental da coragem.

Você deve pensar com coragem, dizer com coragem e atuar com coragem.

Deve manter a imagem mental da coragem diante de si e a todo momento, até que ela se converta na atitude mental normal.

Precisa manter o ideal com firmeza perante si e pouco a pouco alcançará sua realização; o ideal vai se manifestar.

Permita que a palavra *"coragem"* seja fundida em profundidade na sua mente e logo a mantenha com firmeza até que a mente a submeta no ponto que lhe corresponda.

Pense em si mesmo como alguém corajoso, considere que atua com valentia em situações delicadas.

Compreenda que não há nada a temer, que a preocupação e o medo nunca o ajudaram e nunca ajudarão ninguém.

Compreenda que o medo paralisa o esforço e que a coragem alenta a atividade.

O ser humano confiante, audaz e iludido diz: *"posso fazê-lo e o conseguirei"*, isso é um ímã muito potente. Atrai para si exatamente o que necessita para alcançar o sucesso.

As coisas dão a impressão de surgirem em seu caminho e dizemos que tem sorte. Bobagem! A sorte nada tem a ver com isso.

Tudo está na atitude mental. E a atitude do ser humano que diz: *"não posso"* ou *"tenho medo"*, também determina a medida do seu sucesso.

Não existe mistério. Não há mais que olhar ao redor para compreender a verdade do que acaba de dizer.

Conheceu algum afortunado que carecesse do pensamento *"posso fazê-lo e conseguirei"*, que não estivesse profundamente enraizado no seu interior?

Adiantará a este ser humano do *"não posso"*, ainda que conte com mais habilidade e capacidade?

A primeira atitude mental faz emergir à superfície qualidades latentes, além de atrair ajuda do exterior, enquanto a segunda atitude mental não só atrai o pensamento de pessoas e coisas *"não posso"*, mas também evita que este ser humano manifeste seus próprios poderes.

Demonstrei aqui a correção dessa opinião assim como a de muitas outras, sabendo que o número de pessoas que são conscientes disso aumenta a cada dia.

Não desperdice sua força de pensamento, utilize-a para beneficiar-se dela. Deixe de atrair fracassos, infelicidade, falta de harmonia, penas e outras negativas.

Comece agora e emita uma corrente de pensamento luminoso, positivo e feliz.

Permita que seu pensamento principal seja: *"posso fazê-lo e vou conseguir"*; pense: *"posso fazê-lo e conseguirei"*; sonhe: *"posso fazê-lo e conseguirei"*; diga: *"posso fazê-lo e conseguirei"* e faça: *"posso fazê-lo e conseguirei"*.

Viva no plano do *"posso fazê-lo e conseguirei"* e rapidamente sentirá as novas vibrações manifestando-se em ação; vai percebê-las pelos resultados; será consciente de um novo ponto de vista; compreenderá que lhe pertence a si mesmo.

Quando se unir à legião do *"posso fazê-lo"*, vai se sentir melhor, atuará melhor, verá melhor, será melhor em todos os sentidos.

O medo é o pai da preocupação, do ódio, do ciúme, da malícia, da cólera, do descontentamento, do fracasso e de tudo o que há de ruim.

A pessoa que se livra do medo descobrirá que desaparece o resto da camada.

A única maneira de ser livre é desembaraçar-se do medo e arrancá-lo pela raiz.

Considere a conquista do medo, que é o passo mais importante que deve dar aquele que deseja dominar a aplicação da força do pensamento.

Enquanto o medo dominá-lo, você não estará em condições de progredir na esfera do pensamento.

Devo insistir para que comece a trabalhar desde agora para desfazer-se desse obstáculo.

Pode fazê-lo se tentar com determinação.

Uma vez que se tenha desfeito dessa vileza, a vida vai lhe parecer completamente diferente: você vai se sentir mais feliz, livre, forte e positivo, e terá sucesso em tudo que se empenhar pela vida.

Comece hoje mesmo, decida que este intruso deve desaparecer, não chegue a nenhum compromisso com ele, insista na rendição absoluta de sua parte.

Parece uma tarefa difícil no começo, mas em cada ocasião em que se opuser a ele, vai debilitá-lo e se sentirá mais forte. Deixe de alimentá-lo – mate-o de fome –, pois não pode viver em uma atmosfera de pensamentos ousados. Assim, pois, comece a preencher a mente de pensamentos ousados, bons e intensos.

Ocupe-se pensando na ousadia e o medo morrerá por si mesmo. A ousadia é positiva, o medo é negativo, e você pode ter certeza de que o positivo acabará prevalecendo.

Enquanto o medo rondar com seus *"mas..." "e se...?", "suponha que...", "tenho medo de...", "não posso...", "talvez...?"* e todo o resto das suas sugestões covardes, você não poderá utilizar sua força de pensamento.

Uma vez que o deixe, o medo navegará sem obstáculos e cada polegada das suas velas apanhará o vento no rumo certo.

O medo é um Jonas. Deve atirá-lo à margem! (a baleia que o tragar tem toda a minha simpatia).

Recomendo-lhe que comece a fazer algumas das atividades que poderia levar a cabo se não tivesse medo de tentar.

Comece a trabalhar com elas, confirmando a coragem continuamente e vai se surpreender quando comprovar que uma atitude mental mudada despejará os obstáculos para fora do seu caminho, facilitando as coisas muito mais do que pudesse imaginar.

Desenvolvendo exercícios desse tipo, você vai se sentir muito mais gratificado ao comprovar os resultados de uma prática tão simples como esta.

Diante de você há muitas coisas que esperam ser realizadas, que você poderia dominar, tão somente se você se desembaraçasse do jugo do medo, apenas negando-se a aceitar suas sugestões, reafirmando ousadamente o *"Eu"* e seu poder, pois a melhor maneira de vencer o medo é reafirmar a coragem e deixar de pensar no medo.

Deste modo, sua mente terá novos hábitos de pensamento, erradicando os velhos pensamentos negativos que estiveram fundindo e reprimindo-o.

Carrega consigo a palavra *"coragem"* como se fosse seu porta-malas, e manifeste-a em ação.

Lembre-se de que o único receio a temer é o medo. Vença-o, não há que recear o medo, pois, como muitos, ele é um covarde que disparará em fuga se o olhar de frente.

A TRANSMUTAÇÃO DO PENSAMENTO NEGATIVO

A preocupação é filha do medo, assim que se acaba com o medo, a preocupação morrerá por falta de alimento.

Este conselho é muito antigo e não obstante sempre vale a pena repeti-lo, pois é uma lição que necessitamos ter presente em todos os momentos.

Algumas pessoas creem que se matamos o medo e a preocupação nunca poderemos conseguir nada.

Li editoriais de grandes jornais em que alguns escritores sustentam que sem preocupação ninguém pode realizar nada das grandes tarefas da vida, pois ela é necessária para estimular o interesse.

Não são mais do que bobagens, seja lá quem as disser.

A preocupação nunca ajudou ninguém a conseguir nada; pelo contrário, ergue-se como um obstáculo no caminho do sucesso e da realização.

O motivo que subjaz à ação e ao fazer alguma coisa é o desejo e o interesse.

Se desejar ardentemente alguma coisa, que lhe interesse muito, você vai se utilizar de qualquer coisa que possa ajudá-lo a obter o que deseja. Além do mais, sua mente começará a trabalhar no plano subconsciente, fazendo com que apareçam, no campo da consciência, muitas ideias valiosas e importantes.

O desejo e o interesse são as causas que conduzem ao sucesso. A preocupação não é desejo.

É certo que se o entorno é intolerável, a pessoa se verá impelida pelo desespero a realizar alguns esforços que terão como resultado a eliminação das condições indesejáveis e a aquisição de outras que harmonizem com o desejo. Isso não é, senão, outra forma de desejo, a pessoa que deseja algo distinto do que tem. E quando o seu desejo se torna suficientemente intenso, todo o seu interesse se volta para a sua consecução, realizando um poderoso esforço, conseguindo a troca.

Não obstante não foi a preocupação que causou o esforço. A preocupação poderia contentar-se com o agitar das mãos e gemer: *"sou o infortúnio"*, esgotando os nervos sem conseguir nada.

O desejo atua de outra maneira. Aumenta quando as condições da pessoa se tornam intoleráveis, e, finalmente, quando se sente a dor de forma tão intensa que não se pode suportá-la, diz: *"não suporto mais. Vou mudar"*, e é isso que faz. Então, aparece o desejo em ação.

A pessoa continua desejando uma mudança da pior maneira (que é a melhor maneira) e quando seu interesse e sua atenção voltam-se à tarefa, isso começa a fazer com que as coisas se ponham em funcionamento.

A preocupação nunca consegue nada.

A preocupação é negativa e pesarosa.

O desejo e a ambição são positivos e vitais.

Uma pessoa pode preocupar-se infinitamente e, no entanto, nada conseguir, mas deixe que essa pessoa transmute sua preocupação e descontentamento em desejo e interesse, junto com a crença de que é capaz de provocar a mudança – a ideia do *"posso fazer e vou conseguir"* – é quando as coisas começam a acontecer.

Sim, o medo e a preocupação devem desaparecer antes que possamos alcançar grandes coisas. Deve-se expulsar esses intrusos negativos e substituí-los pela confiança e esperança.

Transmute a preocupação em desejo intenso. Então, descobrirá que despertou o interesse e começará a pensar coisas que são interessantes para você.

Chegarão pensamentos procedentes da grande reserva acumulada em sua mente e começará a manifestá-los em ações. Além disso, você viu se harmonizar com pensamentos similares de outras pessoas, atraindo para si a ajuda e a assistência procedente do grande volume de ondas de pensamento que há em todo o mundo.

Você atrai para si mesmo ondas de pensamentos que correspondem aos pensamentos predominantes na própria mente: sua atitude mental. Também põe em funcionamento a grande Lei da Atração, pela qual atrai para si e para outras pessoas que poderão ajudá-lo. E, por sua vez, vai se ver atraído por outras que poderão ser de grande ajuda.

A Lei da Atração não é nenhuma brincadeira, não é nenhuma bobagem metafísica, senão um importante princípio vivo e ativo da natureza, como pode comprovar qualquer pessoa por meio da experimentação e da observação.

Para ter sucesso em qualquer coisa que deseja muito, o desejo deve ser evidente para poder atraí-lo.

Quem tem desejos fracos atrairá muito pouco. Quanto mais intenso for o desejo, maior será a força que se põe em funcionamento.

Há de se querer algo com a intensidade suficiente antes de poder tê-lo. Deve desejá-lo mais do que tudo e estar disposto a pagar o preço requerido. O preço é desfazer-se de certos desejos menores que se alçam no caminho da realização do mais intenso.

Comodidades, facilidades, diversões, entretenimentos e outras muitas coisas devem desaparecer (ainda que não para sempre). Tudo depende do que você deseja.

Em regra geral, quanto maior é o desejo, mais alto será o preço que haverá de se pagar por ele.

A natureza crê na compensação adequada. Mas se você deseja algo com verdadeiro ardor, pagará sem achar que o preço foi alto demais, pois o desejo reduzirá a importância do valor.

Você diz que deseja intensamente alguma coisa e que faria todo o possível para consegui-la? Ah não! Somente finge desejá-lo. Deseja isso tanto quanto um preso deseja a sua liberdade e um moribundo, a vida? Repare nas coisas quase milagrosas conseguidas pelos presos que desejaram a liberdade. Veja como se esforçaram para atravessar portas de metal e paredes de pedra com ferramentas bem simples.

É pelo seu desejo tão intenso?

Você se esforça para obter o que deseja como se sua vida dependesse disso? Bobagem! Não sabe o que é o desejo.

Digo-lhe que se uma pessoa deseja algo com tanta vontade como o preso deseja a liberdade, ou como alguém deseja a vida, essa pessoa poderá superar obstáculos e impedimentos aparentemente irremovíveis.

A chave é o desejo, a confiança e a vontade. Esta chave abre muitas portas.

O medo paralisa o desejo, assusta a vida.

Você deve desfazer-se do medo.

Houve momentos em minha vida em que o medo se apoderou de mim, apropriando-se da minha vitalidade. Perdi toda esperança, todo interesse, toda ambição e desejo. Mas, graças ao Senhor, sempre me organizei para fugir do acossamento do monstro e fazer frente às minhas dificuldades como um homem. Foi então que as coisas começaram a ser mais fáceis.

Às vezes, a dificuldade sumia, ou melhor, eram-me dados os meios para superá-la ou evitá-la.

É estranho como tudo isso funciona.

Por maior que seja a dificuldade, quando finalmente a enfrentamos com coragem e confiança em nós mesmos, parece que nos refazemos e, em seguida, indagamo-nos sobre o porquê nos assustávamos tanto.

Não é mera fantasia, mas a maneira de operar uma potente lei, que não acabamos de entender por completo, mas que podemos demonstrar a qualquer momento.

Há pessoas que costumam perguntar-se: *"Está muito bem que vocês, os do Novo Pensamento, digam: 'Não se preocupem', mas o que pode fazer uma pessoa quando pensa em todos os obstáculos que podem bloquear seu caminho e que possam transtornar seus planos?"*.

Bem, tudo o que posso dizer é que essa pessoa está cometendo um grave erro ao preocupar-se pensando nos problemas que podem surgir.

A maioria das coisas com as quais nos preocupamos não chegam a acontecer; grande parte do resto chega-nos de forma mais suave do que a antecipada, e sempre há outras circunstâncias que aparecem, ao mesmo tempo que nos ajudam a superar o problema.

O futuro não só nos reserva dificuldades a superar, mas também agentes que vão nos ajudar a vencê-las.

As coisas ajustam-se por si mesmas.

Estamos preparados para fazer frente a qualquer problema que surja e, quando chega a ocasião, sempre encontramos uma forma de confrontarmo-nos com ele.

Deus não só modera o vento para o carneiro tosquiado como também modera o carneiro tosquiado para o vento.

Os ventos e a tosquia não chegam juntos; no geral costuma haver tempo suficiente para que o carneiro se aclimate volte a contar com a lã antes que chegue o frio.

Dizia-se, e com muita razão, que nove entre dez partes de preocupação tratam de coisas que nunca acontecem e que a outra, a décima parte, trata de coisas de pouca ou escassa importância. Assim, qual o sentido que tem utilizar todas as suas forças de reserva, angustiando-se com problemas futuros? É melhor deixar para preocupar-se quando os problemas surgirem realmente. Assim, você descobrirá que por ter acumulado essa energia será capaz de fazer frente a qualquer tipo de contrariedade que venha ao seu encontro.

O que consome tanta energia dos seres humanos normais? É a superação real das dificuldades ou a preocupação acerca de supostos problemas?

Sempre estamos com *"amanhã, amanhã"* e este amanhã acaba não sendo tão terrível como havíamos imaginado. O amanhã está bem, porém traz em si aspectos tão bons como problemáticos.

Quando me detenho a pensar em todas as coisas que em alguma ocasião receei que me sobreviessem, não pude por menos que rir. Onde está agora tudo isso? Não sei. E até me esqueci, quase por completo, que em alguma ocasião já as temi.

Não é necessário lutar contra a preocupação, pois não é este o modo de superar esse hábito. Basta praticar a concentração e, em seguida, aprender a concentrar-se em algo justo diante de si; então descobrirá que o pensamento preocupante se desvanece.

Existem maneiras melhores de superar pensamentos objetáveis do que lutar contra eles. Aprenda a concentrar-se em pensamentos de caráter oposto e terá solucionado o problema.

Quando a mente está repleta de pensamentos de preocupação, você não pode encontrar tempo para elaborar planos que o beneficiem. Mas quando se concentra em pensamentos luminosos e úteis, descobrirá que começa a trabalhar de modo subconsciente e, chegando a ocasião, descobrirá todo tipo de planos e métodos com os quais poderá fazer frente às demandas que aparecem em seu caminho.

Mantenha uma atitude mental correta e tudo se porá no lugar.

Preocupar-se não tem sentido, nunca solucionou nada e nunca solucionará.

Os pensamentos luminosos, alegres e felizes atraem coisas luminosas, alegres e felizes, enquanto a preocupação as afasta.

Cultive a atitude mental correta.

A LEI DO CONTROLE MENTAL

Seus pensamentos são: ou fiéis servidores, senhores tirânicos, ou o que você lhes permita ser. Você tem a palavra, portanto, escolhe. Ou se dedicarão a trabalhar sob a direção de uma vontade firme, fazendo tudo o que peça, não só durante as horas de vigília, mas também enquanto dorme – parte das nossas melhores operações mentais tem lugar quando nossa mentalidade consciente descansa – como o que demonstra o fato de que quando chega a manhã se descobre que há problemas preocupantes que parecem ter-se resolvido durante a noite, depois que os tivéssemos desfeitos de nossa mente, pelo menos na aparência; ou subirão as alturas e nos converterão em seus escravos no caso de sermos suficientemente inocentes a ponto de permiti-lo.

Mais da metade da população mundial é escrava de algum pensamento errático que a atormenta.

Foi-lhe dada a mente para que a utilize bem, não para que ela o utilize.

São poucos os que parecem saber disso e os que entendem a arte de controlar a mente.

A chave desse mistério é a concentração.

Um pouco de prática desenvolveria em todos os seres humanos o poder de utilizar a maquinaria mental apropriadamente.

Quando tem alguma tarefa mental a executar, concentre-se nela, excluindo todos os demais, assim descobrirá que a mente converge para isso – no que há de fazer – e tudo se resolve com rapidez.

Não existe fricção, e é obvio qualquer movimento supérfluo ou desperdício de energia. Se utilizar todas as energias disponíveis, cada evolução da roda diretriz mental terá um objeto.

Vale a pena ser um engenheiro mental competente.

O ser humano que sabe como dirigir seu motor mental, ao realizar um trabalho sabe que uma das coisas mais importantes é ser capaz de detê-lo.

Algumas pessoas atuam como se o motor devesse continuar sempre funcionando, tanto haja ou não algo a se fazer, e logo se queixam de que se desgastam e precisam tratar disso ou daquilo.

Os motores mentais são máquinas estupendas, que requerem um cuidado inteligente.

Para os que estão familiarizados com as leis do controle mental, lhes parecerá absurdo que haja alguém que permaneça uma noite em claro preocupando-se com problemas do dia ou, mais comum, com os problemas da manhã seguinte.

É tão fácil reduzir a velocidade da mente como a de um motor, e são milhares os que aprendem a fazê-lo na atualidade, graças ao Novo Pensamento.

A melhor maneira de conseguir isso é pensar em outro assunto, o mais diferente possível do pensamento intrometido.

É inútil lutar contra um pensamento inaceitável com o propósito de *"afogá-lo"*. É uma grande perda de energia e quanto mais diga *"não pensarei nisso!"*, mais lhe vem à mente, pois você está mantendo-o diante de si para golpeá-lo. Solte-o; não pense mais nele, concentre a mente em algo completamente distinto e mantenha a atenção mediante um esforço de vontade.

Um pouco de prática fará maravilhas nesse sentido. A atenção somente poderá concentrar-se em uma coisa por vez, assim, quando você dirige toda a atenção a um pensamento, os outros se ridicularizam. Tente-o e verá.

REAFIRMAR A FORÇA VITAL

Já falei das vantagens de desembaraçar-se do medo. Agora gostaria de introduzir vida em você.

Muitos têm vivido como se estivessem mortos: sem ambição, energia, vitalidade, interesse e vida. Assim não chegarão à parte alguma. Estão estancados.

Despertem e manifestem algo de vida! Este não é o lugar em que possa comportar-se como um morto vivente; é um lugar para gente totalmente desperta, ativa e viva!

O que necessitamos aqui é um bom despertar geral, ainda que para isso precisemos de um som de trombetas a cargo do pífaro de Gabriel.

Parece que só isso despertaria algumas pessoas que vão por aí, crendo que estão vivas, mas que na realidade estão mortas a respeito de tudo o que faz com que a vida valha a pena ser vivida.

Devemos permitir que a vida flua em nós e que se expresse de maneira natural.

Não devemos permitir que as pequenas preocupações do dia a dia, nem as grandes, deprimam-nos e produzam sua perda de vitalidade.

Reafirme a força vital em seu interior e manifeste-a em todos os seus pensamentos, atos e fatos, e antes que se dê conta, estará risonho e repleto de vitalidade e energia.

Ponha algo de vida em seu trabalho, em seus prazeres, em si mesmo.

Deixe de fazer coisas pela metade e comece a interessar-se pelo que está fazendo, dizendo e pensando.

É impressionante o quão interessante pode parecer as coisas ordinárias da vida se apenas ficarmos despertos.

Estamos rodeados de coisa interessantes – que se sucedem a cada instante –, mas não estaremos conscientes delas a menos que reafirmemos nossa força vital e comecemos a estar realmente vivos em vez de limitarmo-nos a existir.

Nenhum homem, nem nenhuma mulher nunca foram nada, a menos que insuflassem vida nas tarefas cotidianas – os atos – e em seus pensamentos.

O que o mundo necessita é de homens e mulheres vivos.

Não tem mais do que mirar nos olhos daqueles a quem conhece para descobrir quantos deles estão realmente vivos.

A maioria carece dessa expressão de vida consciente que distingue quem vive de quem simplesmente existe.

Quero que adquira esse sentido de vida consciente, para que possa manifestá-lo em sua vida e demonstrar o que a Ciência Mental faz por você.

Desejo que hoje você se ponha a trabalhar e comece a transformar-se conforme a última pauta. Poderá consegui-lo se puser o interesse adequado na tarefa.

AFIRMAÇÃO E EXERCÍCIO

Concentre sua mente no pensamento de que seu *"Eu"* interior está muito mais vivo e que manifesta totalmente a vida, tanto mental como fisicamente. E aí mantenha esse pensamento, ajudando-se durante repetições constantes da frase.

Não permita que esse pensamento escape e empurre-o sempre para o foco da mente.

Mantenha diante da visão mental tudo o que lhe for possível. Repita a frase quando acorda pela manhã e se deita à noite.

Repita-a na hora de comer e sempre que puder, ao longo do dia, pelo menos a cada hora.

Forme uma imagem mental de si mesmo cheio de vida e energia.

Dê-lhe proporção sempre que lhe for possível.

Quando começar uma tarefa, repita: *"estou vivo"* e logo respire fundo algumas vezes.

A cada respiração permita que a mente mantenha o pensamento de que está inspirando força e vida.

Ao expirar, mantenha o pensamento de que expire a todos os estados velhos, mortos e negativos dos quais se encanta em desfazer-se. Logo finalize com uma afirmação ardente e vigorosa: *"estou vivo"* e diga-o seriamente.

Permita que seus pensamentos tomem forma na ação.

Não fique satisfeito apenas em repetir que está vivo, senão que deve demonstrá-lo com seus atos.

Interesse-se em fazer coisas, não fique no mundo da lua, nem sonhe acordado.

Entre na matéria e viva.

FORMAR A MENTE DO HÁBITO

O professor William James, conhecido professor e escritor de psicologia, disse, com muita razão:

O mais importante em toda educação é converter nosso sistema nervoso num aliado em lugar de um inimigo. Para tanto, devemos fazer, de modo habitual e automático, tão logo como nos seja possível, todas as ações úteis que possamos e evitar com grande cuidado, tudo o que possa ser prejudicial.

Na aquisição de um novo hábito ou ao deixar um velho, é necessário que nos lancemos a ele com uma iniciativa tão intensa e decidida o quanto nos seja possível.

Não permita que aconteça nenhuma exceção até que o novo hábito esteja enraizado na vida.

Não deixe passar a primeira oportunidade de atuar sobre todas as resoluções que tome qualquer impulso emocional que possa experimentar na direção dos hábitos que aspira incorporar.

Este conselho ficará familiar para todos os estudantes da Ciência Mental, pois trata a questão com muito mais simplicidade do que qualquer um de nós.

Mostra-nos a importância de transladar à mente subconsciente os impulsos adequados, para que se convertam em automáticos e em uma segunda pele.

Nossa mente subconsciente é um grande armazém de todo tipo de sugestão, tanto de nós mesmos como procedentes de outros, e como é a mente do hábito, devemos ter cuidado e enviar-lhe o material adequado para que crie os hábitos.

Se nos acostumamos a praticar certas atividades, podemos estar seguros de que a mente subconsciente nos vai facilitar a realização das mesmas uma e outra vez, resultando mais fácil em cada ocasião, até que no fim nos encontremos firmemente amarrados com as cordas e correntes do hábito, do costume e nos resulte mais ou menos difícil, às vezes, quase impossível, libertar-nos dessa coisa aborrecida.

Temos de cultivar bons hábitos para quando chegar a ocasião de exercê-los.

Chegará o momento em que deveremos fazer gala de nossos melhores esforços, e só depende de nós, para que quando surja a necessidade nos encontremos preparados para fazer o que corresponde de maneira automática e quase sem pensar, ou, lutando para desfazermo-nos das correntes do oposto ao que desejamos naquele momento.

Devemos mantermo-nos atentos a todo o momento, a fim de evitar a formação de hábitos indesejáveis.

Pode ser que hoje não pareça prejudicial, talvez, tampouco amanhã nos pareça, mais pode ser que resulte muito prejudicial criar esses hábitos.

Se você se encontra na necessidade de ter de responder à pergunta, qual seria a melhor resposta? "Farei o eu quiser que se converta em um hábito para mim".

Ao dar forma a um novo hábito, ou romper um antigo, devemos empreender essa tarefa com todo o entusiasmo possível, a fim de ganhar o máximo de terreno possível, antes que a energia se expanda quando encontrar a fricção dos hábitos opostos já formados.

Devemos começar criando uma impressão, a mais intensa possível, na mente subconsciente.

Depois, temos de permanecer sempre em guarda contra as tentações que possam surgir para quebrar a nova resolução, somente desta vez.

Essa ideia do *"somente desta vez"* acaba com as melhores resoluções mais do que qualquer outra causa.

No momento em que se abandona o *"somente desta vez"*, se introduz uma cunha que no fim acaba quebrando a resolução.

Também é muito importante o fato de que, cada vez que se resiste a uma tentação, mais forte se torna a resolução.

Atue sobre sua resolução tão rápido e constante quanto lhe for possível, pois a cada manifestação do pensamento em ação, mais forte ela se torna. Cada vez que a apoia com uma ação, está reforçando a resolução original.

A mente tem sido comparada com uma folha de papel dobrada. A partir desse momento, tem sempre a tendência a dobrar-se, pela mesma dobra, a menos que criemos uma nova dobra, que será a que segue a partir de então.

As dobraduras são hábitos, e cada vez que a fazemos, criamos uma na mente, que resulta mais fácil dobrar-se pelas mesmas dobraduras.

Devemos contar com as dobraduras mentais corretas.

A PSICOLOGIA DA EMOÇÃO

É possível pensar nas emoções independentemente do hábito. Podemos pensar com facilidade em adquirir hábitos de ação e de pensamento, mas também podemos considerar as emoções como algo relacionado com o sentir, bastante separado do esforço intelectual.

Não obstante, apesar da distinção entre ambos, os dois dependem em grande parte do hábito e você pode reprimir, aumentar, desenvolver e mudar as próprias emoções do mesmo modo que pode regular os hábitos na maneira de atuar e de ver as coisas.

A psicologia sustenta o axioma: *"as emoções tornam-se mais profundas mediante a repetição"*.

Se uma pessoa permite que determinada sensação se apodere dela, isso vai lhe resultar mais fácil ceder a essa mesma emoção em uma segunda ocasião e, assim, até que essa emoção ou sensação em particular se converta em um costume para ela.

Se uma emoção indesejável demonstra sentir-se inclinada a morar de maneira permanente em você, o mais conveniente seria que começasse a trabalhar para desembaraçar-se dela, ou pelo menos dominá-la. O melhor momento para fazê-lo é no início, pois cada repetição faz com que o hábito se enraíze mais e a tarefa de deslocá-La resulte mais difícil.

Alguma vez sentiu ciúme ou inveja? Se for assim, recordará o insidioso que foi sua primeira aproximação, de que maneira sutil verteram odiosas sugestões no seu ouvido disposto a recebê-las, e como, pouco a pouco, com a continuidade dessas sugestões, finalmente você acabou vendo pelo prisma verde da inveja ou do ciúme (a inveja tem um efeito sobre a bílis e envenena o sangue. Por esse motivo se lhe associa a cor verde).

Recordará como pareceu crescer, tomar posse de si até que você pudesse sacudir-se dela.

A vez seguinte resultou-lhe mais fácil sentir inveja ou ciúme. Parecia trazer a sua presença todo o tipo de objetos que aparentemente justificavam suas suspeitas e sensações.

Tudo parecia verde, esse monstro gordo e verde.

O mesmo acontece com cada sensação ou emoção.

Se você se abandona a um ataque de cólera, vai resultar-lhe mais fácil sentir-se colérico na próxima vez, quando estiver diante de uma provocação menor.

O hábito de sentir e atuar *"mesquinhamente"* não demora muito em criar raízes em um novo habitat sempre que se anime a fazê-lo.

A preocupação é o grande hábito que tende a engordar.

A pessoa preocupa-se com questões importantes e logo começa a praticá-la sobre coisas pequenas. E então a menor insignificância vai preocupá-la e perturbá-la.

Se iniciar uma viagem, estará seguro de que vai sofrer um acidente ou seu navio naufragará.

Se chegar um telegrama, indubitavelmente conterá notícias horríveis.

Se uma criança parece estar um pouco sossegada, a mãe, cheia de preocupações, apenas pensará que seu bebê está doente e poderá morrer.

Se o marido parece pensativo em algum negócio dando voltas à cabeça, a esposa estará convencida de que ele está deixando de amá-la e vai abandoná-la, levando-a aos prantos.

É o conto que nunca acaba – preocupação, preocupação e preocupação – e cada vez que se lhe dá menor importância, ela mais forte se torna, vira um hábito. Ao fim de pouco tempo, esse pensamento contínuo passa à ação.

Não apenas a mente está envenenada por esses pensamentos tristes, como também a mente começa a mostrar profundas rugas entre as sobrancelhas e a voz adota esse tom queixoso, tão comum entre as pessoas preocupadas.

O estado mental conhecido como crítico é outra emoção que engorda com o exercício. Primeiro encontra falta de alguma coisa, logo de outra e, finalmente, de tudo. A pessoa se converte em uma pessoa mal-humorada crônica, um pesadelo para amigos e familiares, alguém que os estranhos preferem evitar.

As mulheres podem chegar a se converter em grandes resmungonas, mas não porque os homens sejam melhores, mas porque simplesmente um homem rezingão pode desfazer-se do hábito graças a outros homens, que não o suportariam pela tontice.

Ele se dá conta de que não faz mais do que piorar a situação e se livra do hábito, enquanto uma mulher tem mais oportunidades de recrear-se com ele.

Essa zanga contínua não é mais do que uma questão de costume, tornando-se um hábito. Nasce e se desenvolve a partir de uma pequena semente e cada vez que alguém se recreia com ela, deixa outra raiz, ramo ou broto, afiançando-se cada vez mais de quem lhe proporcionou terreno para poder crescer.

A inveja, a falta de generosidade ou os falatórios são hábitos desse tipo. As sementes estão latentes no íntimo de todos os seres humanos e só necessitam de um bom terreno e regá-las um pouco para cobrar vigor e fortaleza.

Cada vez que se abandona essas emoções negativas, mais fácil se torna cair nelas ou em outras parecidas.

Às vezes, animar uma emoção indigna resulta em criar condições para o desenvolvimento de toda uma família dessas más ervas mentais.

Ainda aqui não se está fazendo uma prédica ortodoxa contra o pecado ou os maus pensamentos. Trata-se unicamente de chamar a atenção acerca da lei, que subjaz à psicologia da emoção. Não é nenhuma novidade, é velha como o mundo, tão velha que muitos de nós a esquecemos.

Se desejar manifestar esses traços desagradáveis e ingratos continuamente e sofrer a infelicidade que aportam, não deixe de fazê-lo: é assunto seu e está no seu direito. Não é assunto meu e não faço pregação, pois já tenho bastante em estar atento aos meus próprios hábitos e atos indesejáveis. Apenas estou lhe dando conhecimento da lei que regula a questão, o resto depende de você.

Se deseja liquidar esses hábitos, convém que saiba que tem à sua disposição várias maneiras de fazê-lo. Por exemplo, sempre que se descubra abandonado-se a um pensamento ou sensação negativos, deve agarrá-los e dizer-lhes: *"fora daqui!"*

No início não será tão fácil e se lhe arrepiarão os pelos, arqueará o lombo e grunhirá como se fosse um gato ofendido. Mas não se preocupe, você apenas tem a dizer: "*desapareça!*". Da próxima vez não se mostrará tão confiante e agressivo, senão que manifestará um pouco de medo.

Em cada ocasião que reprimir ou afogar uma tendência desse tipo, mais fraca ela vai se tornar e mais forte você será.

Disse o professor James:

> *Negue-se a expressar uma paixão e ela morrerá. Conte até dez antes de expressar sua cólera, caso contrário parecerá ridículo fazê-lo. Respirar fundo para reunir valor não é uma simples figura retórica. Por outro lado, sente-se todos os dias numa postura abatida, suspire e responda a tudo que lhe digam com voz lúgubre e pode ficar seguro de sua melancolia não desaparecerá. Não há na educação moral, um preceito mais valioso do que este, como o testemunham todos os que o experimentaram: se desejamos conquistar tendências emocionais em nós mesmos, devemos dedicar-nos, a princípio, de modo assíduo e com sangue-frio, a praticar as disposições contrárias que preferiríamos cultivar.*

Relaxe o cenho, ilumine o olhar, contraia o aspecto dorsal em lugar do ventral, fale em um tom mais elevado e faça um elogio genial; seu coração deve estar frígido de verdade, se com tudo isso não começar a degelar-se.

DESENVOLVER NOVAS CÉLULAS CEREBRAIS

Falei do plano para desfazer-se de estados sensitivos indesejáveis e expulsá-los. Mas há um método muito melhor que é cultivar a sensação ou emoção diretamente oposta à que se deseja erradicar.

Somos suficientemente capazes de considerar a nos mesmos como resultado de nossas emoções e sensações e de acreditar que essas sensações e emoções somos nós mesmos.

Não obstante isso está longe de ser assim.

É certo que a maioria da humanidade é escrava das suas emoções e sensações, que está muito dominada por elas.

Os indivíduos creem que as sensações são elementos que nos dirigem, dos quais ninguém pode libertar-se, e assim deixam de rebelar-se. Cedem às sensações sem nenhuma dúvida, ainda que saibam que a emoção, ou traço mental, está calculada para feri-los, para provocar-lhes infelicidade e fracasso, em vez de felicidade e sucesso.

Dizem: *"fomos feitos dessa maneira"* e nisso creem.

A nova psicologia nos ensina coisas melhores. Diz que somos donos de nossas emoções e sensações em lugar de sermos seus escravos.

Ensina-nos que podemos desenvolver células cerebrais que se manifestarão em tendências desejáveis e que as velhas células cerebrais que se manifestaram de modo tão desagradável podem ser acrescentadas à lista de assuntos que se devem retirar, deixando que se atrofiem por falta de uso.

As pessoas podem se transformar e mudar toda sua natureza. Isso não é mera teoria, senão um fato palpável que se encarregará de demonstrar a milhares de pessoas e que cada vez chama mais a atenção da humanidade.

Seja qual for a teoria metal que apoiemos, devemos admitir que o cérebro é o órgão e o instrumento da mente, pelo menos em nosso estado presente da existência, e que é esse o modo como devemos considerar o cérebro. É como um maravilhoso instrumento musical, que conta com milhões de teclas, com as quais criamos inumeráveis combinações de sons.

Viemos ao mundo com certas tendências, temperamentos e predisposições. Podemos imputar essas tendências à herança, ou às teorias de pré-existência, mas o fato é o mesmo, não se altera.

Algumas teclas parecem responder ao nosso contato com mais facilidade que outras. Algumas notas parecem reagir melhor à passagem da corrente das circunstâncias sobre as cordas. E outras vibram com menor facilidade. Mas sabemos que se não fizermos um esforço da vontade para apagar o som de algumas destas cordas que soam com tanta facilidade, acabará sendo mais difícil fazê-las soar, e não será tão fácil que vibrem ao som das circunstâncias. E se nos ocuparmos com algumas das outras teclas que não produzem uma nota clara, não demoraremos para afiná-las; suas notas soarão claras e vibrantes e afogarão os sons menos agradáveis.

Contamos com milhões de células cerebrais que não utilizamos e que esperam nossos cuidados. Estamos acostumados a tratar com algumas delas e com outras trabalhamos sem parar. Podemos dar certo descanso a essas células se utilizarmos outras.

O cérebro pode parecer treinado e cultivado de um modo incrível para alguém que não tenha reparado na questão.

As atitudes mentais podem adquirir-se e cultivar-se, mudar-se e descartar-se à vontade. Já não há escusa para quem manifesta estados mentais desagradáveis ou prejudiciais. Todos nós contamos com o remédio em nossas mãos.

Adquirimos hábitos de pensamentos, sentimentos e ação por meio do uso repetido.

Podemos nascer com uma tendência em certa direção ou adquirir tendências por meio de sugestões dos outros; também estão as procedentes das leituras e do escutar professores e mestres. Somos um fardo de hábitos metais.

Cada vez que nos abandonamos a um pensamento ou hábito indesejável, mais fácil nos resulta repetir esse pensamento ou ação.

Os cientistas mentais costumam chamar pensamentos desejáveis ou atitudes mentais de positivas e os indesejáveis de negativos. Existe uma boa razão para isso. A mente reconhece, de forma instintiva, certas coisas como boas para o indivíduo e abre caminho para esses pensamentos, opondo-lhes o mínimo de resistência.

Um efeito muito maior que um pensamento indesejável e um pensamento positivo que pode neutralizar vários negativos.

O melhor meio de superar pensamentos indesejáveis ou negativos, assim como sentimentos e emoções, é cultivar os positivos.

O pensamento positivo é a planta mais robusta e com o tempo acabará expulsando o negativo ao retirar-lhe o alimento necessário para sua existência.

No início, o pensamento negativo oferecerá uma vigorosa resistência, é claro, pois estará lutando pela sua sobrevivência. Tal com se diz atualmente *"vê chegar o seu final"*, sempre e quando se permita crescer e desenvolver-se o pensamento positivo; e, em consequência, a pessoa lhe dificulta as coisas até que deixa de alimentá-lo.

Tampouco, agrada às células cerebrais ficarem afastadas como a qualquer outra forma de energia viva e se rebelam e lutam até que se debilitam tanto que não podem continuar fazendo-o. O melhor método é deixar de lado essas más ervas da mente e dedicar o tempo todo possível a regar as novas e belas plantas do jardim da mente, ocupar-se delas e cuidar.

Por exemplo, se você tem a tendência de odiar pessoas, pode superar esse pensamento negativo cultivando amor em seu lugar. Pense no amor e manifeste-o todo o possível. Cultive pensamentos de benevolência e atue com toda amabilidade com todos que entrarem em contato com você.

De início não será nada fácil, mas, pouco a pouco, o amor vai dominando o ódio até que este comece a declinar e fenecer. Se tender à tristeza, cultive um sorriso e uma visão alegre das coisas. Insista em ter as comissuras dos lábios curvadas para cima e mantenha a atitude de ver o lado bom das coisas.

Os diabos da tristeza se rebelarão, sem dúvida, mas não lhes dê atenção e siga cultivando otimismo e alegria. Permita que seu lema seja: *"luminoso, alegre e feliz"* e tente estar à altura.

Estas receitas podem parecer antigas e gastas, mas são verdades psicológicas, que você pode utilizar em seu benefício.

Se compreender uma vez a natureza deste assunto, entenderá e aproveitará as afirmações e autossugestões de várias escolas.

Utilizando este método, poderá tornar-se enérgico, em vez de negligente; ativo, em vez de preguiçoso.

A pessoa do Novo Pensamento costuma ter muito o que dizer acerca de *"controlar o pensamento"* e, na realidade, é preciso *"controlar o pensamento"* a fim de obter resultados. Mas também é necessário algo mais. Ela deve manifestar o pensamento até que se converta em um hábito.

Os pensamentos tomam forma na ação, na manifestação, e, por sua vez, as ações influem neles.

Assim, manifestando certas maneiras de ver as coisas, as ações reagem sobre a mente, aumentando o desenvolvimento da parte da mente que está intimamente relacionada a esse ato.

Cada vez que a mente considera um pensamento mais fácil, é a ação resultante, e cada vez que se executa uma ação, mais fácil se torna albergar o pensamento correspondente.

Então, já sabe: ação e reação constituem algo que funciona em ambos os sentidos.

Quando se sente alegre e feliz, é muito natural que ria. Se rir um pouco, começará a sentir-se luminoso e alegre. Compreende o que quero dizer? Explicarei em poucas palavras: se deseja cultivar certo hábito ou ação, comece cultivando a atitude mental correspondente. E para cultivar essa atitude mental, comece manifestando ou realizando o ato que corresponde ao pensamento. Agora comprove se pode aplicar esta regra.

Ocupe-se de algo que sinta que tem de fazer, mas que não tenha vontade de ocupar-se.

Cultive o pensamento que conduz a essa atitude e diga a si mesmo: *"agrada-me fazer isto..."* e leve a cabo o movimento (com alegria, lembre-se), manifestando o pensamento que quer que se ocupe dessa tarefa.

Interesse-se em fazê-lo, estude a melhor maneira de fazê-lo, pense nele, tome-o a sério e verá como o faz com uma considerável quantidade de prazer e interesse: estará cultivando um novo hábito.

Se preferir, tente fazer isso com algum traço mental do qual desejaria se desfazer, o processo funciona da mesma maneira. Comece cultivando o traço contrário, pense nele, manifeste-o com toda a sua alma. Rapidamente observará a mudança que sobrevirá.

Não se desanime diante da resistência que encontrará de início, mas deverá decidir-se, com alegria: *"posso fazê-lo e o conseguirei"* e esforce-se. O que importa neste caso é manter-se alegre e interessado no processo.

Se conseguir fazê-lo, o resto é muito fácil.

O PODER DA ATRAÇÃO, A FORÇA DO DESEJO

Já vimos a necessidade de desfazer-se do medo e que seu desejo seja feito com a máxima fortaleza.

Supondo que tenha dominado esta parte da tarefa, ou pelo menos começado a percorrer o caminho que conduz a tal domínio, agora chamarei sua atenção sobre outra questão importante também relacionada. Vou referir-me à questão das filtrações mentais. Não estou falando da filtração que procede de seus fracassos na hora de guardar seus próprios segredos, que é importante, mas que faz parte de outra questão.

A filtração à qual me refiro é a ocasionada pelo hábito de que a atenção se sinta atraída e distraída por qualquer fantasia ou capricho.

Para conseguir algo, é necessário que a mente se enamore disso e seja consciente da sua existência, quase com a exclusão de tudo mais.

Deve-se enamorar daquilo que se deseja, assim como se conhecesse a mulher ou o homem com quem desejaria se casar. Não estou dizendo que deva converter-se em um monomaníaco do tema e que perca todo interesse em qualquer outra coisa deste mundo. Não! Não daria certo, pois a mente deve contar com espairecimento e mudança. O que digo é que é preciso estar tão concentrado no objeto desejado que tudo mais venha a ter uma importância secundária.

Um homem enamorado pode tornar-se muito agradável para todos os demais, dirigir seus deveres e gozar dos prazeres da vida com bom talento, mas, interiormente, tudo o que se diz a si mesmo é: *"para mim só há uma garota"* e todas as suas ações são dirigidas para conseguir essa mulher e criar um lar confortável para ela. Compreende o que quero dizer? Deve enamorar-se de quem deseja e deve enamorar-se até a medula, nada desse tipo de amor ligeiro, nem *"hoje sim, amanhã não"*, mas deve ser desse tipo antigo, que até que um jovem não pudesse ir para a cama se não desse um passeio em torno da casa da sua noiva, para assegurar-se de que o edifício continuava ali. Sim, é assim mesmo!

E o homem ou a mulher em busca do sucesso devem converter essa coisa desejada em sua principal paixão: tem de concentrar sua mente na grande ocasião, na oportunidade ótima.

O sucesso provoca ciúme. Peça a um homem todo o seu afeto e se este começar a flertar com outras pitonisas, não demore em dar-lhe as costas.

Se um homem se desvia do seu principal interesse, acabará sendo um perdedor.

A força mental opera melhor quando está concentrada. É necessário se dedicar ao que deseja com todas as forças disponíveis.

Do mesmo modo que um homem que está enamorado não deixa de traçar planos para agradar a bela namorada, o mesmo fará quem está apaixonado pelo seu trabalho ou negócio, e o resultado será este: cem planos se manifestarão no campo da consciência, muitos deles de grande importância.

A mente opera no campo subconsciente, lembre-se, e quase sempre de acordo com a paixão ou o desejo predominante. Organizará as coisas e comporá projetos, que surgirão em sua consciência, quando mais os necessite e sentirá vontade de gritar de alegria, como se tivesse recebido uma grande ajuda externa.

Mas, se dispersa a sua força de pensamento, a mente subconsciente não saberá como agradar-lhe e o resultado será que não notará esta fonte de ajuda e assistência. Além disso, não terá consciência do potente resultado de concentrar o pensamento na elaboração consciente do resultado dos seus planos.

Também pode ocorrer que o ser cuja mente está repleta de uma dezena de interesses, fracasse na hora de exercer o poder de atração que se manifesta em quem só tem uma paixão e não pode atrair a pessoa, as coisas e os resultados que o ajudariam no traçado dos seus planos; também fracassará na hora de situar-se na corrente de atração em que entraria em contato com aqueles que estariam felizes por ajudá-lo a participar.

Tenho percebido, nos meus próprios assuntos, que quando permito que qualquer distração externa me afaste da minha linha de trabalho habitual, não passa muito tempo antes que comecem a surgir avisos de que meus assuntos demonstram claros sinais de falta de vitalidade.

Também haverá quem diga que o motivo é que deixei alguns assuntos sem solução, assuntos que teria trabalhado se minha mente estivesse concentrada neles. Está certo, mas também percebi resultados similares em casos, nos quais não havia nada que se pudesse fazer, casos em que a semente estava semeada e a colheita não tinha senão que amadurecer. E nestes, enquanto dirigia meu pensamento à questão, a semente começou a brotar.

Não estou sugerindo que tive de emitir uma enorme quantidade de ondas mentais com a ideia de afetar outras pessoas de modo algum. Simplesmente comecei a perceber de que me encontrava na posse de algo muito benéfico, que interessava a outras pessoas e que estava encantado com que todo o mundo pudesse ter acesso a isso.

Meu pensamento parecia revitalizar o trabalho e as sementes começaram a dar frutos. Não é nenhuma fantasia, pois experimentei em várias ocasiões.

Falei com muitas outras pessoas a respeito do tema e descobri que nossas experiências se encaixam perfeitamente. Portanto, não há de cair no hábito de permitir essas infiltrações mentais.

Mantenha o desejo fresco e ativo e deixe que conclua seu trabalho, sem a interferência de desejos opostos.

Mantenha-se enamorado pelo que deseja alcançar – alimente sua fantasia com isso – considere-o realizado – mas não perca nunca o interesse.

Mantenha sua atenção no interesse primordial e sua paixão regente forte e vigorosa. Não seja um polígamo mental – o ser humano só necessita um amor mental – isto é, ter seus desejos um a um.

Alguns cientistas afirmaram que algo que pudesse denominar-se de amor subjaz no fundo de toda vida. Sustentam, ainda, que o amor da planta pela água faz com que estenda suas raízes, até encontrar o objeto amado.

Dizem que o amor da flor pelo sol a faz afastar-se dos lugares escuros para poder receber luz.

As denominadas *"afinidades químicas"* são, na realidade, uma forma de amor. E o desejo é uma manifestação deste amor da Vida Universal. Assim, pois, não estou simplesmente utilizando uma metáfora quando lhe digo que deve amar o que deseja conseguir.

Nada, exceto um amor intenso, vai lhe permitir superar os numerosos obstáculos que se alçarão no seu caminho. Só esse amor vai lhe permitir suportar as provas pesadas dessa tarefa.

Quanto mais desejar algo, mais vai amá-lo e quanto mais o ame, mais intensa será a força de atração até a sua consecução, tanto no seu íntimo como fora de si.

Assim, ame uma coisa em cada ocasião, não seja um mórmon mental.

AS GRANDES FORÇAS DINÂMICAS

Você já viu a diferença entre os homens vitoriosos e fortes em qualquer âmbito da vida e os fracassados e débeis que os rodeiam?

É consciente das diferenças que caracterizam ambas as classes, mas lhe parece um tanto difícil expressar em que radicam tais diferenças?

Estudemos um pouco esta questão.

Disse Burton:

> *Quanto mais vivo, mais seguro estou de que a grande diferença entre os seres humanos: o débil, o poderoso, o importante e o insignificante, origina-se na energia e de uma determinação inquebrantável: estabelecer um propósito e lançar-se a ele, a vida ou morte. Desta qualidade conseguirá tudo o que seja possível conseguir neste mundo e nenhum talento, circunstâncias ou oportunidades, converterão uma criatura bípede em um homem; se carece dela.*

Energia e determinação inquebrantável: ambas superarão poderosas barreiras e os maiores obstáculos. E juntas devem ser utilizadas. A energia sem determinação cai desperdiçada.

Muitos seres humanos têm tanta energia que chegam a impregná-los; não obstante carecem de concentração, adoecem da força concentrada que lhes permitiria conduzir sua energia ao lugar adequado.

A energia não é algo escasso como muitos imaginam. Posso olhar ao meu redor, em qualquer momento, e registrar quantas pessoas que conheço estão repletas de energia – a muitas parece sobrar-lhes – e, não obstante, por alguma razão, não parecem progredir. Não fazem mais do que gastar mal suas energias. Agora querem uma coisa e, logo depois, querem outra. Vão se ocupar de algum assunto nímio, sem interesse nem importância, gastarão inutilmente energia e força nervosa para que os ajude no seu esforço, mas, quando terminam, o resultado é que não obtiveram absolutamente nada.

Outros que contam com muita energia fracassam na hora de dirigir a força de vontade ao fim desejado. "*determinação inquebrantável*", estas são as palavras.

Não se estremece com sua força?

Se tiver algo a fazer, ponha mãos à obra e faça-o. Reúna toda sua energia: guie-a e dirija-a com sua vontade, insuflando nela essa *"determinação inquebrantável"*, assim conseguirá o que quer.

Todos nós contamos com uma vontade gigantesca em nosso interior, mas a maioria é demasiado preguiçosa para utilizá-la.

Não podemos animarmo-nos o suficiente para dizer, sinceramente, *"conseguirei"*.

Se pudéssemos armarmo-nos de valor até este ponto e depois segurá-lo para que não se escorresse, seríamos capazes de lançar mão desse maravilhoso poder: a vontade humana.

O homem não tem senão uma ligeira ideia a respeito do poder da vontade, mas os que estudaram os ensinamentos ocultos sabem que a vontade é uma das grandes forças dinâmicas do Universo, e quando se aproveitam de maneira adequada são capazes de alcançar coisas milagrosas.

ENERGIA E DETERMINAÇÃO INQUEBRANTÁVEL

Não são palavras magníficas? Grave-as na memória, imprima-as na sua mente como se fossem um cunho, de modo que se convertam em inspiração constante para você nos seus momentos de necessidade.

Se puder conseguir que essas palavras vibrem em seu ser, será um gigante entre pigmeus. Repita-as algumas vezes e verá como vai se encontrar cheio de nova vida, verá como circula seu sangue, como formigam seus nervos. Converta essas palavras em parte de si mesmo e logo regresse renovado à batalha da vida, reanimado e reforçado.

Ponha-as em prática. *"Energia e determinação inquebrantável"*. Deixe que isso se converta no lema da sua vida cotidiana e será um dos escassos indivíduos capazes de fazer coisas extraordinárias.

Muitas pessoas estão reprimidas e não dão o melhor de si mesmas, porque se subestimam em comparação àquelas que triunfam na vida, ou melhor, sobrevalorizam as que têm sucesso em comparação a elas mesmas.

Uma das coisas mais curiosas que pude perceber é que aqueles que entraram em contato com pessoas que alcançaram o sucesso é que não são pessoas extraordinárias.

Muitas vezes, ao conhecer algum escritor importante, sentimo-nos um tanto decepcionados ao perceber que ele é alguém muito normal. Às vezes, não tem uma conversa brilhante e, de fato, existe muita gente comum que parece muito mais brilhante do que ele, que se deslumbram com a luz dos seus livros.

Ao conhecer a fundo um grande estadista não nos parecerá nem a metade de sábio que muitos outros velhos de sua cidade, que desperdiçam sua sabedoria lançando-a ao ar.

Ao conhecer bem um magnata da indústria, não teremos a impressão de ele tem a mesma sagacidade da que se galhardeiam alguns comerciantes minoritários do seu bairro. Como é possível? É fictícia a fama desses personagens ou qual é o mistério da questão?

A questão é a seguinte: você poderá imaginar que essas pessoas são feitas de matéria superior e sente-se decepcionado ao descobrir que são feitos do mesmo que você e daqueles que o rodeiam. Mas se perguntarem: de onde vem a grandeza do seu sucesso? A resposta reside principalmente no seguinte: crer em si mesmos e no seu poder inerente, na sua faculdade para se concentrar na tarefa que tem em mãos quando trabalham e na sua capacidade para evitar infiltrações de energia quando não estão trabalhando. Creem em si mesmos e fazem com que todo esforço dê resultado.

Os mais espertos da sua cidade desperdiçam sua sabedoria pelos cantos falando com muitos outros menos inteligentes, enquanto se fossem sábios de verdade, poupariam essa sabedoria e a situariam ali, onde servisse para algo.

O escritor brilhante não desgasta sua sabedoria pelas esquinas; de fato, tranca o armário onde a guarda e só volta a abri-lo quando está pronto para concentrar-se e se pôr a trabalhar.

O magnata industrial não deseja impressioná-lo com sua sagacidade e inteligência. Nunca o fez, nem mesmo quando era jovem.

As pessoas importantes do mundo não são muito diferentes de você ou de mim ou do resto: no fundo, todos nós somos muito parecidos. Só temos de conhecê-los para percebermos o quanto comum todos somos.

Não nos esqueçamos, porém, que elas sabem como utilizar o material de que dispõem, enquanto o resto não sabe e, de fato, incluem dúvidas sobre se tem algo a mostrar.

O homem ou a mulher que "chega lá" normalmente começa levando em conta que não são tão diferentes das pessoas triunfantes de que tanto se ouve falar. Isso lhes dá confiança e eles descobrem que são capazes de fazer coisas. Logo aprendem a manter a boca fechada e evitam desperdiçar e dissipar sua energia. Armazenam e concentram energia no que estão fazendo, enquanto que seus companheiros dissipam sua energia em todas as direções, demonstrando às pessoas o quanto são expertos.

Essas pessoas preferem esperar o aplauso que se segue ao sucesso e preocupam-se muito pouco com os louvores que os rodeiam daquilo que esperam fazer algum dia ou de concluir uma exibição de esperteza sem resultados.

Uma das razões pelas quais a pessoa que tem convívio com pessoas de sucesso manifesta é ser capaz de observar os triunfantes e colher o segredo da sua grandeza.

Descobrem que o vitorioso é um homem normal e comum, mas que crê totalmente em si mesmo e também não desperdiça energia, mas reserva todas as suas forças para as tarefas que o aguardam.

Aproveitando o exemplo, começam a pôr em prática as lições aprendidas.

Qual é a moral desta prosa? Simplesmente que você não tem que se desvalorizar, nem sobrevalorizar os demais.

Dessa forma, você compreende que é feito de boa matéria e que no interior de sua mente há muitas coisas boas. Portanto, ponha-se a trabalhar e se desenvolva.

Extraia algo de bom dessa boa matéria.

Consiga-o, concentrando a atenção no que tem diante de si e dando a cada um o melhor de si mesmo, sabendo que há muitas outras coisas boas que vão ajudá-lo em tudo o que se lhe apresente adiante.

Dedique o melhor de si mesmo à empresa com que se ocupa e não faça trapaças na tarefa presente por força de outra que pode aparecer ao longe. Sua administração é inesgotável.

Não desgaste sua energia com a multidão de olhares, espectadores e críticos que têm ao seu redor, observando o que você faz.

Guarde sua energia para sua tarefa, não tenha pressa para receber aplausos.

Guarde seus bons pensamentos para *"copiá-los"*, se é escritor; guarde seus bons projetos para pô-los em prática.

Se você se dedica aos negócios, guarde sua sabedoria para quando for requerida a ocasião; se é estadista, em todos os casos.

Evite o desejo de mostrar suas cartas à multidão de curiosos que buscam um *"espetáculo gratuito"* com que se entreter.

Não há nada de *"elevado"* neste ensinamento, mas é justo do que muitos necessitam dele.

Deixe de passar por bobo e leve as coisas a sério.

Deixe de perder o bom que há em você e comece a trabalhar em algo que valha a pena.

RECLAMAR O QUE LHE PERTENCE

Em recente conversa, dizia a uma senhora que reunisse todas as suas forças para lançar-se em busca de um desejo bom, que queria alcançar havia muitos anos e que, finalmente, parecia estar ao seu alcance.

Disse-lhe também que seu desejo estava para ser realizado, que a Lei de Atração o traria até ela. Mas a mulher carecia de fé e não deixava de repetir: *"oh!, Parece ser demasiado bom para dar certo! Demasiado bom para mim!"*.

Ela não havia superado a etapa de sentir-se como um verme que se arrasta pelo chão ainda que tivesse ao seu alcance a Terra Prometida. Negava-se a entrar nela porque achava que lhe era demasiado bom.

Creio que tive sucesso em atiçá-la, pois depois eu soube que ela estava tomando posse do que sempre desejara.

Mas não quero falar disso. Quero chamar-lhe a atenção sobre o fato de que não há nada que seja demasiado bom para você, por maior que possa ser seu pedido. Por muito indigno que você possa parecer, tem direito a tudo do melhor, pois essa é a sua herança legítima. Portanto, não tenha medo de pedir – exigir – e tomar.

As coisas boas do mundo não são merecimentos de nenhum filho favorito. Pertencem a todos, mas só se aproximam daqueles que são bastante sábios para reconhecer que são suas por direito e que têm a coragem suficiente para ir atrás.

"*Ninguém, exceto os valentes, merecem a beleza*", diz o velho adágio, e é certo em todos os sentidos do empenho humano. Se não deixa de repetir que é indigno de algo bom – que é demasiado bom para você – pode-se aplicar a lei e acabar acreditando no que você diz.

Trata-se de uma característica da lei: "*se crê no que diz, leva-o a sério*". Mas, tenha cuidado com o que diz, porque acabará acreditando.

Afirme que é digno do melhor que existe, que não há nada demasiado bom para você e o mais provável é que a lei o leve a sério e diga: "*creio que tem razão. Vou dar-lhe tudo que deseja. Conhece seus direitos, porque negá-lo?*". Mas se insiste em assegurar: "*isso é demasiado bom para mim!*" é provável que a lei lhe diga: "*não estou segura de que seja assim, mas ele saberá*". "*Não serei eu quem leve a contra*".

Por que não há nada que deva ser demasiado bom para você? Alguma vez você parou para pensar no que é?

É uma manifestação do Todo e tem perfeito direito a tudo o que existe. Ou, se preferir desta maneira, é filho do Infinito e herdeiro de tudo. Estará dizendo a verdade de qualquer modo. Em qualquer caso, e seja o que for que peça, estará apenas exigindo o que lhe pertence e é seu.

Quanto mais empenho ponha ao pedir, mais confiança terá e acabará recebendo; quanto mais se esforce por alcançá-lo, mais próximo estará de obtê-lo.

Um intenso desejo, uma expectativa confiada, a coragem em ação é o que acaba proporcionando-lhe o que lhe pertence.

Antes, porém, que ponha a funcionar essas forças, deve despertar à realização de que apenas está pedindo o que lhe pertence e não é nada que não tenha direito de reclamar.

Enquanto existir em sua mente o mínimo resquício de dúvida a respeito do seu direito às coisas que deseja, você estará criando resistência ao funcionamento da lei.

Você pode pedir com todas as suas forças o que mais deseja, mas carecerá de coragem para passar à ação se você mantiver uma sombra de dúvida a respeito do seu direito para conseguir o que deseja; dessa forma estará criando resistência ao funcionamento da lei.

Se você persistir em considerar que seu maior desejo pertence a outro e não a você mesmo, estará adotando a postura do invejoso ou cobiçoso, ou, inclusive, a de um ladrão. Nesse caso, sua mente vai se rebelar e não vai prosseguir com o trabalho, pois, instintivamente, você vai se sentir repelido diante da ideia de tomar o que não lhe pertence, pois a mente é honesta.

Mas quando você compreender que o melhor do Universo lhe pertence como Herdeiro Divino e que há suficiente para todos sem que tire nada de ninguém, então desaparecerá toda fricção, cairá a barreira e a lei concluirá sua tarefa.

Não creio na humildade. Essa atitude mansa e modesta não me chama a atenção, não tem nenhum sentido.

A ideia de converter em virtude essas atitudes, quando o ser humano é o herdeiro do Universo e tem direito a tudo o necessário para seu crescimento, felicidade e satisfação, parece-me absurda.

Não quero dizer que você tenha de adotar uma atitude avassaladora. Seria um absurdo, pois a verdadeira fortaleza não provém de pôr-se em evidência.

O avassalador é um indivíduo débil, confesso: é assim para ocultar sua debilidade.

A pessoa verdadeiramente forte é serena, tranquila e traz consigo a consciência da fortaleza que converte em desnecessário o indivíduo avassalador e sua suposta fortaleza. Mas é preciso afastar-se desse hipnotismo da humildade, essa atitude mental mansa e modesta. Lembre-se do horrível exemplo de Uriah Heep, e cuidado para não imitá-lo.

Erga a cabeça e olhe o mundo de frente.

Não há nada do que temer, o mundo também pode temê-lo e gritar para você. Seja um homem ou uma mulher e não um objeto. E isso pode se aplicar à sua atitude mental, assim como ao seu comportamento externo.

Ponha fim a essa atitude mental de réptil ou de verme.

Ponha-se direito e olhe a vida sem medo; gradualmente, você vai convertendo-se no ser ideal.

Não há nada demasiado bom para você, nada de nada. O melhor do melhor, nem sequer é o suficientemente bom para você, pois adiante há outras coisas muito melhores.

O melhor presente que o mundo pode fazer-lhe é uma bagatela comparada às grandes coisas que esperam sua maioridade no Cosmos. Sendo assim, não tenha medo em lançar-se depois de tudo isso, atrás das quinquilharias deste plano de consciência.

Lance-se a elas, apanhe um bom punhado, brinque com elas até que se farte. Para isso foram feitas. Estão aí para nosso uso exclusivo, não para que as vejamos a distância, mas para que brinquemos com elas, se assim o desejarmos.

Sirva-se você mesmo, há muitos desses brinquedos aguardando seus desejos e demandas.

Não seja tímido! Não quero ouvir mais bobagens acerca de coisas demasiadas boas para você. É como o filho pequeno do imperador, que acreditava que os soldados de chumbo e o tambor de brinquedo eram demasiados bons para ele e se negava a pegá-los.

As crianças nem sempre são assim. Reconhecem instintivamente que não há nada que seja demasiado bom para elas. Querem tudo o que têm diante de si para brincarem e parecem sentir que têm todo o direito a todas as coisas. E essa é a condição mental que os buscadores metidos na Divina Aventura devem cultivar.

Temos de nós comportar como crianças pequenas, do contrário, não poderemos entrar no Reino dos Céus.

Tudo o que vemos ao nosso redor são os brinquedos da Guarda de Deus, brinquedos que utilizamos em nossos jogos. Sirva-se você mesmo, peça-os sem vergonha, tantos quantos possa utilizar.

Todos são seus. E se não tiver o que deseja, não tem senão que pedir, pois há uma grande reserva disponível em estantes e armários. Brinque à vontade.

Aprenda a tecer esteiras, a levantar casas com tijolos, a esboçar, brinque de coração e brinque bastante. Peça todos os materiais de que necessite para brincar – não receie – pois há para todos.

Lembre-se de que ainda que tudo isso seja verdade, as melhores coisas não deixam de ser mais do que objetos para brincar: jogos, tijolos, esteiras, baldes e demais. São úteis, muito úteis para aprender as lições; agradáveis, muito agradáveis, para brincar e desejáveis, muito desejáveis para todos esses propósitos.

Divirta-se e aproveite ao máximo todas essas coisas. Entre fundo no jogo e desfrute.

É bom fazer isso. Mas deve se lembrar de algo: nunca deverá deixar de considerar o fato de que todas essas coisas tão boas são apenas brinquedos – parte do jogo – e tem de estar disposto a deixá-los de lado quando chegar o momento de passar à aula seguinte, de mudar de curso e não chorar, nem se queixar porque tem de deixar os brinquedos para trás.

Não deve apegar-se a eles, pois ainda que sejam para seu uso e desfrute, não fazem parte de você, não são essenciais para sua felicidade na etapa seguinte.

Não os deprecie por sua falta de sentido da realidade, pois são coisas maravilhosas relativamente e delas pode desfrutar tanto como queira.

Não seja um dissimulado espiritual, negando-se a participar do jogo. Mas não se apegue aos brinquedos, que são bons para usá-los e brincar com eles. Tenha cuidado para não se converter em um brinquedo. Não deixe que os brinquedos invertam os papéis.

Existe uma diferença entre ser dono das circunstâncias e escravo delas.

O escravo crê que os brinquedos são reais e que ele não é suficientemente bom para merecê-los. Só pede alguns tantos, porque têm medo de pedir mais e não ser atendido, perdendo a diversão.

E, continuando, ao considerar que os brinquedos são reais e ao não perceber de que há muitos mais, apega-se às ninharias que encontrou, convertendo-se em seu escravo.

Tem medo de perdê-los e não se atreve a engatinhar pelo chão e ir à busca de outros.

O dono sabe que pode pedir tudo. Peça o que necessite dia a dia e não se preocupe com sobrecarregar-se; sabe que há muitos mais e que não podem privá-lo disso.

Brinque e divirta-se jogando, e, enquanto joga, aprenda suas lições da creche. Mas não se apegue demasiadamente aos brinquedos.

Está disposto a deixar de lado os brinquedos velhos e esticar a mão para colher os novos?

E quando lhe disserem que tem de passar para a aula seguinte, jogue no chão os brinquedos usados e com brilho nos olhos e atitude mental confiante, entre na nova aula – o Grande Desconhecido – com um sorriso no rosto.

Não fique assustado, pois ouve a voz do Mestre e sabe que está ali, esperando-o, na Grande Aula Seguinte.

LEI, NÃO AZAR

Há algum tempo falei com uma pessoa sobre o poder da Atração do Pensamento que me dizia que não acreditava que o pensamento pudesse atrair qualquer coisa para ele e que tudo era questão de sorte. Disse-me também que havia descoberto que a má-sorte o perseguia, sem dar-lhe trégua e que tudo aquilo que tocava saía mal.

Sempre havia sido assim, sempre seria assim e já se havia acostumado com isso.

Quando empreendia algo novo, já sabia antecipadamente que acabaria mal e que dali não sairia nada de proveitoso.

Ah! Não! Para ele, na teoria da Atração do Pensamento não havia nada de verdadeiro; tudo era uma questão de sorte!

Essa pessoa não percebeu que por meio de sua própria confissão, estava precisamente oferecendo um dos mais convincentes argumentos a favor da Lei da Atração. Estava testemunhando que sempre esperava que tudo saísse mal e que sempre acabava acontecendo o que mais temia.

Isso é uma magnífica ilustração da Lei de Atração, mas ele não sabia e nenhum argumento o faria mudar de opinião. Estava totalmente contra e não havia forma de fazê-lo mudar: sempre esperava a má-sorte, e em cada oportunidade acabava tendo razão. Não obstante, para ele a postura da Ciência Mental era uma tolice.

Há muitas pessoas que parecem crer que a única maneira em que opera a Lei da Atração é quando se deseja com muita vontade e de modo continuado. Não parecem perceber que acreditar intensamente em algo é tão eficaz como um desejo intenso.

O homem de sucesso crê em si mesmo e o seu sucesso final é, sem desprezar os pequenos contratempos, a adversidade, os tropeços e escorregões, apressa-se com vontade até atingir a meta, sem nunca deixar de estar seguro de que chegará lá.

Suas opiniões e metas podem sofrer alterações enquanto está avançando e, inclusive, poderão mudar seus planos, mas todo o tempo, no mais profundo do seu coração, sabe que acabará chegando aonde deseja.

Você deseja continuamente alcançar seu desejo? Ponha em funcionamento as forças mais potentes conhecidas no universo do pensamento.

O homem, que também crê continuamente que fracassará, acabará fracassando sem dúvida. Como evitar? Não há nenhum mistério. Tudo o que ele faz, pensa e diz está tingido pelo pensamento do fracasso.

Existem outros que incorporam esse espírito e por esse motivo não confiam nele nem na sua capacidade, o que faz com que pensem que se trata de manifestações da sua má-sorte, em lugar de atribuí-las às suas crenças e expectativas de fracasso. Passam o tempo todo sugerindo a si mesmos pensamentos de fracasso e, invariavelmente, padecem dos efeitos da autossugestão.

Também, neste caso, por meio dos seus pensamentos negativos, estão bloqueando essa parte da sua mente de onde deveriam chegar as ideias e os planos que o conduziriam ao sucesso. Aos que têm acesso, quem espera o sucesso, é porque creem nele.

As ideias brilhantes não chegam em um estado de desânimo. Nossas mentes trabalham em ideias que podemos utilizar somente quando estamos entusiasmados e esperançosos.

Os seres humanos sentem de maneira instintiva a atmosfera de fracasso que se fecha sobre alguns dos seus congêneres e, por outro lado, reconhecem algo em outros que os leva a dizer, quando entendem que a estes sobreveio um contratempo passageiro: *Será que vai sair dessa?*

Trata-se da atmosfera que provoca a Atitude Mental imperante. Limpe sua Atmosfera Mental!

O azar não existe. A lei o sustenta totalmente em todas as partes e direções por causa da sua própria maneira de operar. Não é possível nomear uma única coisa que tenha ocorrido por acaso.

Tente analisar a questão até as últimas consequências e comprovará que isso é resultado da lei. É tão evidente como a matemática. Planificação e propósito, causa e efeito.

Desde o movimento dos mundos até o crescimento de uma semente de mostarda, tudo é resultado da lei.

A queda de uma pedra pela encosta de uma montanha não acontece por si, mas porque existem algumas forças que vêm operando durante séculos para provocá-la. E antes dessas causas existem outras até alcançar a Causa da causa.

A vida não é resultado do acaso, mas da lei que opera em pleno rendimento, tanto se acredita como não. Você pode ser um objeto ignorante sobre o que opera a lei ou pode alinhar-se com suas operações, entrar no seu caudal, por assim dizer, e, a partir de então, a Vida vai lhe parecer algo muito distinto.

Não pode sair da lei dizendo que não tem nada a ver com ela. Tem todo o direito e liberdade de opor-se a ela e de produzir toda fricção que deseja, mas isso não afeta a lei e você pode continuar com ela até que aprenda a lição.

A Lei da Atração do Pensamento é um dos nomes desta lei, ou melhor dizendo, uma de suas manifestações.

Volto a dizer que seus pensamentos são coisas reais. Saem de você em todas as direções, combinando-se com outros pensamentos do tipo parecido, com pensamentos opostos de caráter distinto, formando combinações, dirigindo-se ali para onde são atraídos, afastando-se dos centros de pensamento oposto. E sua mente atrai os pensamentos que outros emitiram consciente ou inconscientemente. Mas só atrai aqueles pensamentos que se sintonizam com os seus próprios.

No mundo do pensamento os semelhantes se atraem e os opostos se repelem.

Se você sintoniza sua mente com a tonalidade da coragem, confiança, força e sucesso, atrairá para si pensamentos de natureza similar, gente de natureza similar e coisas que encaixem na melodia mental.

Seus pensamentos ou humor preponderantes determinam o que é atraído para você e elegem seus companheiros mentais. Hoje você está pondo em funcionamento correntes do pensamento que, com o tempo, atrairão até você outros pensamentos, pessoas e condições em harmonia com a tonalidade predominante no seu pensamento.

Seu pensamento vai se mesclar com o de outros de natureza e mente semelhantes, e você vai se sentir atraído e com toda segurança. Cedo ou tarde, tudo isso vai se unir em um propósito comum, a menos que um ou outro mude a corrente de pensamento.

Aceite as operações da lei.

Integre-a em si mesmo.

Ponha-a no seu caudal.

Mantenha-a aprumada.

Sintonize sua mente em chave de coragem, confiança e sucesso.

Mantenha contato com todos os pensamentos desse tipo que emanam continuamente de centenas de mentes.

Aproveite o melhor que possa encontrar no mundo do pensamento.

O melhor está aí, não se conforme com menos.

Estabeleça relação com boas mentes.

Siga as vibrações adequadas.

Você deve estar cansado de ser sacudido frequentemente pelas operações da lei, portanto, harmonize-se com ela.